이정희 수필집

사랑하니까 산다

소소리

사랑하니까 산다
이정희 수필집

1판 1쇄 인쇄/ 2017년 1월 15일
1판 1쇄 발행/ 2017년 1월 20일

지은이 / 이정희
펴낸이 / 우희정
펴낸곳 / 도서출판 소소리

등록 / 제300-2007-21호
03073 서울 종로구 성균관로5길 39-16
전화 / 765-5663, 010-4265-5663
e-mail: sosori39@hanmail.net
www.sosori.net

값 12,000원

*잘못된 책은 바꿔드립니다.

ISBN 979-11-5891-066-2   03810

사랑하니까 산다

이정희 수필집

책을 내면서

　아직도 젊다 생각했습니다. 난 나이를 먹지 않을 줄 착각하고 살았습니다. 그런데 어느새 고희(古稀)랍니다. 칠순 기념으로 두 번째 수필집을 내야겠다고 마음은 먹었지만, 계획대로 될지 솔직히 자신은 없었습니다.
　두 아들과 두 며느리에게 나의 건강한 삶을 알리고 싶었기에, 틈틈이 메모를 해서 『사랑하니까 산다』가 나오게 되었습니다.
　혼자 가요를 들으며 노랫말이 가슴에 와 닿아 울기도 하고 희망도 봅니다. 첫 번째 수필집 『그리워서 산다』를 출간할 때보다 더욱 조심스럽고, 얼굴 또한 붉어짐을 느낍니다. 나의 생애 첫 작품집 『그리워서 산다』를 보시고 격려와 찬사(?)를 아끼지 않았던 지인들께 이 자리를 빌려 감사의 인사를 올립니다.
　이제는 울지 않고 씩씩하게 살아가렵니다. 든든한 두 아들과 두 며느리, 그리고 예쁘고 귀여운 손자와 손녀가 있으니까요. 또, 친구들이 나의 일거수일투족을 지켜보며 용기를 주기에 힘이 납니다. 정말 고마운 친구들입니다.

내 건강이 허락하는 한 제3권, 제4권, 제5권… 수필집을 내고, 아름다운 시(詩)도 쓰고 싶습니다. 너무 욕심이 과(過)했나요?

두 아들과 두 며느리에게 우선 지면으로 고마운 마음을 전하고 싶습니다. 손자와 손녀의 재롱을 보면 입가에 미소가 번집니다. 아니, 생각만 해도 가슴이 떨릴 만큼 귀한 내 아가들입니다. 방학 때마다 손자와 손녀를 데리고 해외여행 가는 것도 나에게 큰 행복입니다 녀석들이 이 할미아이 아름다운 추억만을 기억해 주었으면 합니다.

사랑하는 가족을 남겨두고 먼저 떠난 남편과 딸도 나의 칠순을 축하해 주네요. 저도 진심으로 고맙다는 인사를 전했지요.

책을 낼 때 쓰라고 사진을 찍어서 보내주신 홍정표 교장선생님 고맙습니다. 두 번째 수필집을 예쁘게 꾸며주신 소소리 우희정 사장님께도 감사드립니다.

2017년 1월 배방마을에서

請霞 李貞熙

▷ 차 례

▷ 책을 내면서

1. 자작나무

고목(枯木)에도 꽃이 피는데 — · 12

방 생 — · 17

향(香) 싼 종이에선 — · 22

이제 내 곁에는 고요만이 — · 27

트레이드 마크 — · 32

화수분 — · 36

자작나무 — · 41

촛 불 — · 45

사랑초 — · 50

천지연 — · 55

민족의 꽃 — · 61

닉네임 — · 66

2. 일체유심조

일체유심조 — · 72
멋진 남자 — · 77
국제시장 — · 80
봄인 줄 아나 봐 — · 85
애견카페 — · 90
사랑하니까 — · 94
동행(同行) — · 98
곱게 늙으셨네요 — · 103
부 채 — · 109
배롱나무 — · 114
슬로시티 청산도 — · 118
2인 3각 — · 123

3. 행복합니다

관매도 — · 128

홍도화 — · 133

고객님 당황하셨어요 — · 137

무소식이 희소식 — · 142

행복합니다 — · 146

화재 현장을 지킨 똘이 — · 151

가족여행 — · 155

백록담(白鹿潭) — · 160

홍콩 여행 — · 165

말이 안 나와요 — · 171

설경(雪景) — · 175

흔 적 — · 179

4. 사랑인 것을

사랑인 것을 — · 184
엄마라는 이름은 — · 190
손목시계 — · 195
검은색으로 바꿔요 — · 200
레스토랑 — · 205
뭐 하셨어요 — · 210
홍(紅)언니 — · 215
그리움만 쌓이네 — · 220
큰며느리 — · 225
비겁한 변명 — · 230
딸아, 고맙다 — · 236

1.
자작나무

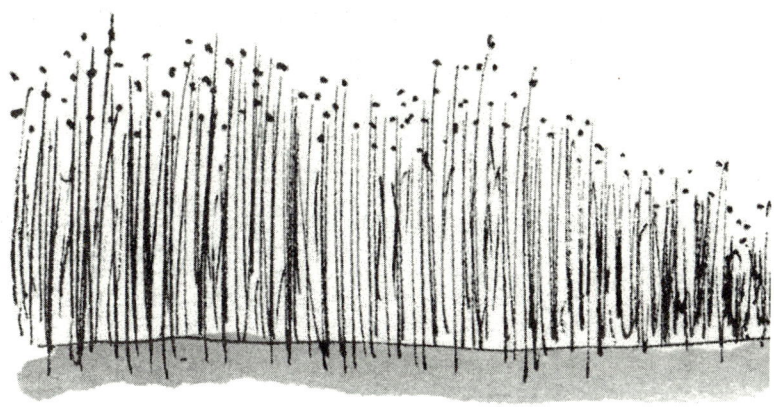

고목(枯木)에도 꽃이 피는데

 언제부터인가 고목(枯木)을 보면 나를 보는 것 같은 연민을 느꼈다. 물기 없이 말라서 죽은 나무나 감정을 표현 못하고 죽은 듯(?) 살고 있는 나는 많이 닮았다고 생각했다. 그 고목과도 다름없는 내 마음에도 꽃이 피기를 바란다면?
 음력 정월 초엿샛날이 딸의 제삿날이고, 또 3일 후인 초아흐레가 남편 제삿날이다. 일 년 중 가장 즐거운 설날의 들뜬 기분을 느끼지도 못한 채, 정월 대보름 전에 난 제사를 두 번이나 지내야 한다. 정월(正月)을 초봄, 이른 봄이란 뜻의 '맹춘지월(孟春之月)'이라고도 한다. 만물이 소생하려고 잔뜩 움츠렸던 대지가 기지개를 펴는 봄이다.
 봄의 따뜻한 기운을 받고 다 죽은 줄 알았던 고목에서도 연둣빛 싹이 나왔다. 고목에도 꽃(?)이 핀 것이다. '고목생화(枯木生

花)'는 직역하면 '죽은 나무에 꽃이 핀다'이다. 또 '불우했던 사람이 뜻밖의 행운을 만나게 됨'을 비유하기도 하고, '다 망하여 버렸던 것이 다시 소생하여 활기를 띠게 되는 경우'를 이르는 말이다. 난 행운이 따라주지 않아도 좋다. 단지 얼어붙은 내 마음에도 꽃이 피기를 바랄 뿐이다. 삭막해진 마음에 불을 지펴서 나 자신도 추위에서 벗어나고 주위에 있는 사람들까지 따뜻하게 해주고 싶다.

올해는 '봄앓이'도 일찍 찾아왔고 특히 마음까지 추워서 어찌할 줄을 몰라 했다. 아무것도 손에 잡히지 않는다. 마음이 진정되지 않아 거실을 서성이다가 갑자기 무서운 생각이 뇌리를 스쳐갔다. '아무도 날 도와주는 사람이 없구나'란 생각이 드는 순간, 잠깐이지만 자살이란 단어가 떠오른 것이다. 매년 겪는 마음앓이를 이번엔 유별나게 심히게 겪고 있다. 마음은 바람을 잔뜩 넣은 풍선처럼 빵빵하게 부풀었다. 조금만 세게 누르면 뻥하고 터질 기세다. 눈까지 침침해서 핸드폰의 문자가 잘 안 보인다. 돋보기를 쓰고 자세히 봐야 겨우 볼 수 있다. 스스로 생각해도 이런 경우는 처음이다. 궤도를 벗어나 엉뚱한 방향으로 달려가고 있는 느낌이다.

가슴이 답답해서 큰 숨을 내쉬어 보지만, 그것도 잠깐이다. 혼자 외쳤다.

"너 왜 이러니?"

"도대체 왜 그러는 거야."

야단도 치고 또 달래어도 봤다. 그래도 소용이 없다. 이런 때는 어찌해야 하나. 안절부절못하고 있는데, 친구한테서 모임을 알리는 안내문자가 왔다. 용기를 내서 지인들에게 내 맘을 전하기로 했다. 전 같으면 상상도 못 할 일이다. 여태껏 혼자 끙끙 앓으면서 친구에게도 내 맘을 들킬까봐 전전긍긍했었다.

이번엔 긴급 도움을 요청하는 SOS를 보냈다. '나, 마음이 많이 아파요….'라고 문자를 보냈는데, 고맙게도 지인들이 힘을 내라고 위로의 답을 보내줬다. 한 친구는 문자를 보고 울었다면서 한달음에 달려왔다. 그 친구는 자주자주 들러서 말벗도 되고 위로해 준다고 했다. 일어설 용기가 났다. 아니, 난 씩씩하게 일어서야 했다. 모든 것을 훌훌 털고 풍선보다 더 가벼운 마음으로 일어서기로 했다.

며칠 동안이었지만 몇 년을 앓고 난 것같이 모든 것이 낯설다. 생소하기까지 했다. 사람들은 흔히 어려운 일을 겪고 나면 '긴 터널을 뚫고 나온 것 같다'고 한다. 내가 그랬다. 불빛 하나 없는 깜깜하고 긴 터널에서 간신히 구사일생으로 빠져나온 것 같다. 엎친 데에 덮친 격으로, 밤에 숙면을 못하니까 낮엔 항상 피곤하다. 요즈음은 바보가 되었는지 며칠 전에 다녀온 곳의 지명(地名)도 생각이 안 나서 끙끙댄다.

지난주엔 정말 어이없는 일을 겪었다. 이른 저녁을 먹고 옆동에 사는 작은아들네를 방문했다. 유치원 다니는 손녀를 셔틀버스 태우느라 매일 출근하다시피 가는 곳이다. 매번 하던 대로 현관의 비밀번호를 눌렀다. 그런데 게이트 맨(gate man)이 나를 거부(?)한다. 속으로 "뭐야!" 하며 다시 기억나는 번호를 눌렀다. 이번에도 거부다. 또 눌렀다. 정신을 가다듬고 다섯 자리를 꼼꼼하게 눌렀는데 이번엔 게이트 맨이 짜증을 부렸다. 머릿속이 하얘진다는 말이 실감났다. 내가 알고 있는 번호를 눌러 보지만 역시나 게이트 맨은 고개를 살래살래 흔든다.

황당한 상황에 부딪친 거다. 나도 모르게 '큰일났네! 어쩌지' 하는데 안에서 며느리와 아들 그리고 손자, 손녀가 한꺼번에 나왔다. 손자를 보자마자 "비밀번호가 뭐지?" 하고 물었다. 내가 생각해도 어이가 없었다. 전에 선배님께서 「블랙홀(black hall)」에 빠지다'라는 글을 쓰셨던 기억이 났다 내가 바로 그 블랙홀에 빠지고 말았다. 기가 막힐 뿐 아니라 약간 겁이 나기도 했다.

안 그래도 일찍 찾아온 봄앓이로 마음이 아프고 춥기까지 했는데…. 거기다 치매까지 걸리면 정말 큰일이다. 모든 사람들의 소망과 같이 나도 우리 아이들한테 걱정을 안 끼치고 건강하게 살기를 원한다. 전과는 다르게 올해는 나 자신도 통제(?)를 못할 정도였다. 용기를 내어 병원에 가기로 했다. 의사선생님을 보자마자 "나 좀 도와주세요." 했다. 그 병원엔 5년 전부터의 내 행적(?)이 기록되어 있는 카드가 있어서 다행이다. 약에 의존하기보다는 내 스스로 마음을 다잡고 일어서야 한다는 것도 잘 알고 있다. 어쩌면 가장 쉬운 일인지도 모른다. 내 마음 하나를 다스리지 못해서 생긴 병이니 그 마음을 단단히 붙잡으면 될 텐데.

고목(枯木)에도 꽃이 피는데, 내 마음에도 예쁜 꽃이 피기를 바란다면 지나친 욕심일까.

방 생

　내가 다니는 윤정사(㊢)에서 3월 1일(일요일)에 강원도 영월로 방생을 갔다. 영월 동강에서 방생을 하고 법흥사 적멸보궁을 참배한다고 했다. 회주스님께서는 정월에 일주일 신중기도를 드리고 방생까지 다녀와야 올 한 해가 편하다고 하셨다. 그래서만은 아니지만 며칠 전부터 방생 가는 날을 기다렸다. 꼭 소풍 가는 어린아이같이 마음까지 들떴다. 특별한 이유는 없었고, 그냥 좋았다.
　신도들을 태운 5대의 버스가 방생할 장소인 동강에 도착했다. 버스에서 내리니 시원한 바람이 온몸을 스치고 지나간다. 가슴이 뻥 뚫리는 것 같았고 기분도 상쾌했다. 강물은 더없이 맑고 깨끗했다. 강물이 우리를 반기는 것 같았다. 아니, 오늘 방생에 쓰일 물고기를 환영하는 것인지도 모른다.

그런데 방생기도 중에는 구름이 해를 가리고 바람이 세게 불어서 촛불을 자꾸 꺼트렸다. 예불을 드리는데 장갑 낀 손이 시렸다. 올겨울의 마지막 추위라 더 기승을 부리는가 보다. 며칠 동안 강물에 적응 훈련을 시킨 미꾸라지를 바가지로 퍼서 강물로 보내주었다. 미꾸라지는 힘차게 꼬리를 흔들면서 강물과 하나가 되어 사라졌다.

방생의식을 끝내고 보덕사에 들렀는데, 특이하게도 보덕사 해우소(解憂所)는 강원도 문화재 자료 제132호란다. 해우소는 말 그대로 '근심을 해결하는 장소'다. 근심까지 보덕사에 내려놓았으니 기쁨만이 가득히 눈앞에 펼쳐질 것 같았다. 경내를 둘러보는 발걸음이 가볍다. 내 마음이 행복하니까 주위에 있는 모든 분들이 아름다운 꽃이고, 또 부처였다.

다시 버스를 타고 대표적인 한국의 사찰 다섯 군데 당우(堂宇) 중 하나인 법흥사의 적멸보궁(寂滅寶宮)으로 이동했다. 적멸보궁은 석가모니불(釋迦牟尼佛)의 몸에서 나온 진신 사리를 모신 법당이다. 석가모니불이 미혹(迷惑)의 세계를 벗어나 영원히 적멸의 낙(樂)을 누리는 곳이다. 신도님들과 함께 적멸보궁에서 참배를 드렸다.

오후가 되자 하늘을 가렸던 구름도 벗어지고 거칠던 바람도 자취를 감췄다. 대신 따뜻한 햇볕이 신도들의 머리 위를 비추며 환하게 웃고 있다. 지인과 나는 동심(童心)으로 돌아가 손을 잡고 스님을 따라 다녔다. 오늘 하루가 마냥 즐겁고 행복했다. 이 기분을 이대로 간직했다가 내년 방생법회에 동참하리라 마음먹었다. 집에 올 때는 스님께서 내가 탄 차에 동승하셔서 신도들에게 방생에 관한 법문을 들려 주셨다.

방생(放生)의 뜻은 '사람에게 잡힌 생물을 놓아주는 일'이지만, 단순히 죽게 된 물고기를 살려 놓아주는 것으로 생각한다면 그것은 큰 착각이라 하셨다.

방생의 큰 의미는 생명존중사상의 실천이요, 부처님의 자비사상의 실천이다. 또한 방생의식을 통하여 생명존중의 의식을 넓혀가고 상대를 이롭고 즐겁게 하는 것이 큰 공덕이다. 풀 한 포기 벌레 한 마리도 하찮게 여기지 않고 감싸주는 마음이 '불성을 가진 보살의 마음'이라고 하셨다. 방생은 마음 공덕의 장이니, 연말에 마음의 화단에 훌륭한 꽃을 피웠는지 확인하라는 말씀으로 끝을 맺으셨다. 스님 말씀을 듣고 아름다운 꽃을 피우기 위해서 열심히 내 마음 밭(田)을 가꾸겠다고 속으로 다짐했다. 하늘을 향해 높게 뻗어있는 사자산(山)의 금강송(松)도 나를 응원해 주지 않을까.

집에 도착하여 방생의 유래가 궁금해서 찾아보았다. 오늘날 방생의 근간은 금광명경(金光明經)의 유수장자품에서 비롯되었으며, 유수장자가 두 아들과 함께 물이 말라붙어 들짐승과 길짐승들의 먹이로 전락한 물고기를 살리기 위해 늪에 물을 채우고 먹을 것을 보시한 것이 시작이었다 한다. 또한 유수장자는 물속에 들어가 여래십호를 정근하고 십이인연에 대한 법문을 들려주어 물고기들로 하여금 도리천에 나게 하는 공덕을 베풀었다. 이 경전이 나온 이후에 물고기를 방생하고 독경하는 방생법회가 생겼단다.

또한, 방생(放生)은 살생(殺生)과 반대되는 개념이다. 살생을 금하는 것은 소극적인 선행(善行)이고, 방생하는 것은 적극적으로 선(善)을 행하는 일이다. 그러므로 방생이란 구속과 박해를 받는 생명체를 자유로운 생활로 환원시키는 것이라는 걸 알게 되었다.

우리는 강이나 바다에 물고기를 놓아주고, 산과 들에서 새를 날려주는 것만 방생인 것처럼 잘못 인식하고 있다. 물론 죽어가는 생명을 살리고 놓아주는 것도 중요하다. 하지만 우리 주변의 어려움에 처한 이웃을 힘닿는 대로 도와주고, 환경을 깨끗하게 정화시키는 것도 그 못지않은 방생이다. 이제부터라도 내 주변을 돌아보고, 내 이웃을 챙겨야겠다.

스님께 방생에 관한 법문을 듣고 그동안 내가 얼마나 어리석은 삶을 살았는지를 깨달았다. 난 미꾸라지를 강물로 보내면서 나의 소원을 빌었었다. 더 욕심내서 우리 가족 모두가 건강하고, 부귀영화를 누릴 수 있게 해달라고 발원했는데 부끄러웠다. 방생은 기복(祈福)이 아니다.

　내 마음속의 욕심까지도 미꾸라지에게 실어 강물로 흘려보냈어야 했다.

향(香) 싼 종이에선

  올 6월은 중동호흡기증후군인 메르스가 전 국민을 공포에 휩싸이게 했고, 경제는 밑바닥을 쳐 모두를 울상 짓게 했다. TV 속 뉴스는 겁 많은 나를 더 겁쟁이로 만든다. 아파트 안의 경로당과 도서관, 체육관, 문화교실도 폐쇄를 했다. 매주 열리는 수요 장터도 6월 말까지 잠정적으로 폐쇄한단다. 시에서 운영하는 학습관도 휴관이다.

  내가 다니는 윤정사에서 6월 5일(금요일)에 천일기도 입재를 했다. 범어사 큰스님이신 수불스님을 모시고 법문도 들었다. 천일이면 2년하고 270일이다. 말로만 듣던 천일기도를 우리 절에서 한다는 말에 내 마음은 들떴다. 그렇지만 기쁨도 잠깐이고, 천일기도에 동참할 수 없는 상황에 나는 위축되었다.

  난 1주일에 나흘은 학습관에 가고, 하루는 신촌 수필교실에 간다. 절에 갈 시간이 없다. 휴일인 토요일이나 일요일 중 하루는 산행을 한다. 마음속으로 일찌감치 천일기도를 접었다. 그런데, 메르스 때문에 학습관이 휴관이란다. 그래서 절에 가기 시작했다. 아니! 그렇게도 하고 싶었던 천일기도에 동참하기로 했다. 오전엔 지장정근을 2시간 했고, 오후엔 '지장경'을 완독(完讀)했다. 정말 모처럼 맞는 즐거움이고, 행복감을 느꼈다.

종무소에는 불교관련 도서와 염주 등이 진열되어 있다. 점심공양을 하고 이것저것 살펴보다가 낯선 것이 있어서 보았더니 향이다. 시원한 바닷냄새가 난다는 '아쿠아 향'을 구입했다. 물론 집에는 여러 종류의 향이 있다. 하지만 제사 때나 명절에만 향을 피웠었다. 평소엔 향을 피울 생각을 전혀 안 했다. 그런데 향을 보는 순간에 집안을 향냄새로 가득 채우고 싶단 생각이 들었다.

문득 오래전에 읽었던 '향 싼 종이에선 향내 나고 생선 싼 종이에선 비린내 난다'라는 에세이가 기억이 난다. 1, 2권으로 그 당시 베스트셀러였다. 나도 책을 구입했었다. 화장품 코너에 들어서면 화장품 냄새가 나고, 한의원에 가면 한약 냄새가 난다. 모두 내가 좋아하는 냄새다. 스님에게선 은은한 향내가 난다. 나도 스님같이 향냄새가 나기를 바라보지만…

향(香)의 뜻은 모든 사람들이 알고 있듯이 불에 태워서 향기를 피우는 물건으로 심식(心識)을 깨끗하게 하는 것이다. 또 불전에 피워서 꽃, 등불과 함께 공양하는 공양구로도 사용한다. 나도 고급 향수를 뿌려서 나는 냄새가 아닌, 내면에서부터 우러나는 고운 마음과 예쁜 마음의 향을 내뿜고 싶다.

요즈음 불교방송을 자주 시청한다. 한 스님께서 법구비유경(法句譬喩經) 강의를 하셨다. 향 싼 종이와 생선을 매달은 새끼줄에 대한 내용이다. 사람은 원래 깨끗한데 누구를 만나느냐에 따라서, 향내도 나고 비린내도 나는 것이란다.

법구비유경(法句譬喩經)은 총 4권 40품으로 구성되었고, 부처님이 집을 떠나 불도를 닦는 비구들과 집에서 불도를 믿는 신자 등을 위해 한 설법 내용이 포괄되어 있다. 이 경은 한역〔법구경〕의 게송 가운데서 3분의 2를 그대로 옮겨와 그것이 설해진 인연과 교훈을 구체적 비유를 들어서 알기 쉽게 재정리한 것이다. 법문을 듣는데 나도 모르게 정신이 번쩍 났다. 그동안 살면서 한 번도 깊게 생각해 본 적이 없는 내용을 접했기 때문이다. 나를 놀라게 한 내용은 이렇다.

만물은 본래 깨끗하다. 모든 것은 인연으로 말미암아 죄와 복을 일으킨다. 현명한 사람을 가까이 하면 도의가 융성해지고, 어리석고 어두운 사람을 가까이하면 재앙과 죄에 이른다. 종이와 새끼줄에 비유하면, 향을 싼 종이에선 향내가 나고 생선을 묶었던 새끼줄에서는 비린내 난다.

'점점 물들고 익혀져도 스스로 느끼지 못할 뿐 아니라, 영향을 주었는지 영향을 받았는지 알지 못하는 가운데 서로를 물들이고 물들며 살아간다.'는 내용이 잠자고 있던 나를 깨웠다. 그러면 어떻게 해야 하나?

'향 싼 종이에선 향내 나고…'의 저자는 '내 자신이 향이라면 내가 황홀함 그것이 되어야 한다.'라고 했다. 여기서 말하는 '황홀함'이란 마음이 모든 것을 잃어버리는 것과 같다고도 했다. 또 잃어버림이 잊어버림과 통하면 마음은 빈 방처럼 편해진다고도 했다.

난 그 황홀함은 초심이라고 생각한다. '초심(初心)'은 처음으로 깨달음을 구하려는 마음 즉, 처음의 결심을 뜻한다. 향을 피우면서, 향내를 맡으면서 흐트러지려는 마음을 다잡아본다. 깨달음까진 아니라도 초심을 잃지 말고 정진(精進) 또 정진하리라 다짐했다.

향내가 우리 집안은 물론 내 주변과 지인들에게도 퍼져나가기를 바란다. 향을 피우고 지장경을 독송하면 마음이 차분해진다. 향은 나의 탐욕과 분노, 어리석음까지 태우고 있다. 나를 만난 모든 사람들에게 향내를 맡게 하고, 지인들이 나를 만난 것이 큰 복(福)이라고 생각한다면 더 바랄 것이 없다. 그 바람이 정말 이뤄질까. 그 또한 욕심은 아닐는지….

수면 아래 가라앉아 있는 고운 마음과 예쁜 마음의 향을 마음껏 내뿜고 싶다.

이제 내 곁에는 고요만이

　국민가수 Y씨가 부른 노래 '아름다운 것들'이 적막을 깨트리며 울려나왔다. 나의 사랑하는 딸이 좋아한 노래다. 법사님이 어떻게 아셨는지 구명시식 자리에 함께한 직원(?)에게 Y씨의 '아름다운 것들'을 부르라고 하셨다. 그분은 기타를 치며 라이브(live)로 노래를 불렀다. 오랜만에 들어보는 생음악이 분위기를 한층 고조시켰다.
　만감이 교차하는 순간이다. '무엇이 이 숲속에서 음~ 이들을 데려갈까'란 노랫말이 내 가슴을 세게 때렸다.
　며칠 전에 남편과 딸을 위한 구명시식(救命施食)을 했다. 영가(靈駕)와 대화를 하신다는 법사님은 "나한테 많이 미안하다"는 남편의 말과 "저를 잊지 말라"는 딸의 말을 전해주었다. 남편과 딸의 진심을 전해 듣는 순간 온몸에 전율이 흘렀다. 딸의 부탁이 아니더라도 어찌 내가 남편과 딸을 잊을 수 있을까. 내 목숨이 끝나는 날까지, 아니 저 세상으로 가서도 나와 맺어진 인연을 이어갈 거다.

인연이란 말을 하고 보니 또 생각난다. 법사님께서 인연이 없었으면 오늘 이렇게 '구명시식'을 할 수 없다고 하신다. 오늘 이 자리에 참석한 모든 사람들 역시 인연이 있었기에 한자리에 앉아 영가들의 대화도 들을 수 있는 게 아닌가. 남편과 딸과 나는 어떤 인연이 있었을까? 문득 궁금해진다. 노랫말처럼 '꽃잎 끝에 달려있는 작은 이슬방울들'은 아니었을까. 노래에 심취해서 지금 무엇을 하는 자리인가를 잊고 속으로 따라 불렀다. '엄마 잃고 다리도 없는 가엾은 작은 새는' 우리 예쁜 딸 우인이가 분명하다. 아니! 딸과 남편을 잃고 그리움에 울고 있는 내가 바로 작은 새다.

생각지 않았던 죽음을 선택한 행동을 후회한다는 우인이가 보고 싶다. 조금만 참아줬더라면…. 딸이 살아있다면, 여름방학을 맞아 우리 둘은 해외여행을 하고 있을 것 같다. 예전에 하던 대로 팔짱을 끼고 쇼핑도 하고, 사진을 찍고 있을 텐데. 한낱 꿈이 되어버렸다.

'바람아 너는 알고 있나, 비야 네가 알고 있나' 노래를 들으며 딸을 생각한다. 13년 전, 남편이 사랑하는 가족들을 남겨놓고 눈을 감았을 때도 엄청난 고통과 슬픔을 겪었는데, 딸마저 갑작스럽게 내 곁을 떠나서 난 정신을 차릴 수 없었다. 노랫말 대로 지나가는 '바람(風)'과 나와 딸의 눈물인 '비(雨)'는 알고 있지 않았을까. 아니, 남편도 이 어이없는 상황에 피눈물을 흘렸을 것 같다.

 남편은 딸이 내 곁에서 나를 도와주고 친구로 남아있기를 바랐을 텐데…. 흔히 사람들은 말하기를 '부모는 산에 묻고, 자식은 가슴에 묻는다.'고 한다. 그러면 남편은 어디에 묻을까. 난 남편을 내 마음 속에 간직하기로 했다. 언제나 꺼내볼 수 있기 때문이다. "살고 싶었다"는 남편의 속마음을 듣는 순간, 잠시 정신이 몽롱해졌다. 얼마나 살고 싶었을까.

 '인명(人命)은 재천(在天)'이라지만 너무 일찍 간 남편과 딸의 명복(冥福)을 빌어본다. '모두가 사라진 숲에는 나무들만 남아있네, 때가 되면 이들도 사라져 음~ 고요함이 남겠네' 노랫말처럼 언젠가는 나도 가고, 누구나 가야하는 길이다.

 이왕 가는 길이라면 남은 가족에게 아픈 상처는 주지 말아야겠다고 다짐해 본다. 다시 태어나서 만나기를 바랄 뿐이다. 이제 나도 그들을 보내야겠다. 엄마의 애통해 하는 모습에 차마 내 곁을 떠날 수 없었다는 딸도, 이번 구명시식을 하고는 편하게 가겠다고 한다. 그러고 보니 지금까지 딸에게 못할 짓을 한 것 같다. 편하게 갈 수 있는데, 내가 그 길을 막고 있었던 것은 아닌지.

딸은 저승에서, 난 이승에서 이렇게 떨어져 살아야 하는 운명인 것을…. 딸의 부탁대로 잊지 않고 항상 가슴에 품고 살리라. 내 지갑 안에는 남편과 딸의 사진이 들어 있다. 5년 전, 딸을 머나먼 곳으로 보낸 후에 나는 삶의 의욕마저 잃었다. 두문불출에 일체의 연락도 끊었었다. 그런 나에게 지인들은 모임에 나오라고 신신당부했고, 난 가까스로 정신을 가다듬고 모임장소에 나갔다.

우연히 내 지갑 속에 있는 부녀(父女)의 사진을 본 지인이 지갑을 뺏더니 남편과 딸의 사진을 빼어 나의 손에 쥐어주었다. 지인은 "이제 두 사람을 잊어버리고 정신 차려야지." 한다. 나를 생각해 주는 그 마음이 고마웠다. 하지만 남편과 딸을 잊을 수는 없다. 아니, 잊기는커녕 더욱 생각나는 그들이다. 집에 와서 다시 지갑에 부녀의 사진을 넣었다. 남편과 딸은 항상 나와 같이 하고 있다. 그들은 내 그림자다.

지금 폰으로 Y씨의 '아름다운 것들'을 듣고 또 듣고 계속 듣고 있다. 청아(淸雅)한 그녀의 목소리를 우리 우인이는 좋아했다. 딸과 남편이 있는 천상에는 '아름다운 것들만' 있을 것 같다. 티 없이 맑은 영혼을 가진 딸이 좋은 집에 태어나서 부귀영화(富貴榮華)를 누리며 살아가기를 바란다. 전생(前生)에서 있었던 일은 훌훌 털어버리고, 부모님의 사랑을 듬뿍 받으며 예쁘게 살라고 말해주고 싶다. 남편 역시 다음 세상에선 건강한 몸으로, 두 날개를 활짝 펼쳤으면 하는 바람이다.

　이제 나는 울지 않으리라. 남편과 딸도 내 맘을 알았으니 이승에 대한 미련 버리고 훨훨 날아가지 않을까. 천도재(薦度齋)와 구명시식으로 그들을 모두 천도했고, 나 역시 마음이 편해졌으니 이제 내 곁에는 고요만이 남을 것이다.

트레이드 마크

　백발로 지낸 지 5년 만에 검게 염색을 했다. 만나는 사람들의 반응이 각각이어서 놀랍기도 하고 즐겁기도 하다. 어떤 이는 내가 염색한 줄은 모르고, 젊어지고 예뻐졌다고 칭찬(?)을 늘어놓는다. 염색하기까진 많은 단계(?)를 거쳐야 했다. 그만큼 자신이 없었기 때문이다.
　또 나를 좋아하는 지인은 흰머리가 나의 트레이드 마크(Trade Mark)인데, "왜 염색을 했느냐?"고 했다. 이번엔 '진도 모세의 기적'을 보러 가려고 워킹여행클럽에 신청을 했다. 전에 같이 트레킹을 했던 젊은 친구를 오랜만에 만났다. 나를 보자마자 "왜 염색하셨어요, 흰머리가 분위기도 있고 멋있었는데…." 한다. 이어서 "염색하실 줄 알았으면 진작 얘기해 드릴 걸…." 하며 많이 아쉬워(?)했다. 그 친구는 내가 염색한 것이 엄청 서운한가 보다. 난 그날도 행복을 느꼈다. 내 주변에 있는 사람들이 하나같이 나를 아껴주고 관심을 가져주니 정말 살아있다는 것이 행운인 것 같았다.

전매특허(專賣特許)로 그냥 흰머리로 지낼 걸 그랬나 하는 마음이 한 편에 남아 있다. 하지만 이젠 흰머리로 누릴 수 있는 것을 기대하지 않기로 했다. 백발일 때는 만나는 사람들마다 나이보다 젊어 보인다고 했고, 나도 그 말이 싫지 않았다. 특히 전철에서 경로석에 앉을 때, 흰머리일 때는 남의 눈치를 안 봤다. 그런데, 염색하고는 앉아있기가 조금 불편했다. 내 착각일지도 모르지만, 웬 젊은 사람이 앉았나 하고 눈치를 주는 것 같아서다. 옷차림도 빨간 색의 캐주얼(casual) 복장이라 더욱 그런 생각이 든다. 그러니 당연히 편하게 앉지를 못하고 쭈뼛쭈뼛하다가 그냥 서 있기로 한다.

귀여운 손녀 하윤이는 나하고 영상 통화하는 걸 좋아한다. 손녀와 영상통화하면서 "우리 하윤이 말대로 할머니가 염색해서 사람들이 젊어 보인다고 한다." 했더니 "와~ 부라보!" 하고 환호성을 지른다. 아마 옆에서 큰아들이 '부라보' 하라고 알려준 것 같다. 예쁜 우리 하윤이 덕분에 할머니가 젊어졌다고 고마움을 전했다.

나이는 숫자에 불과하다고 한다. 난 아무래도 좋다. 단지 하루를 살아도 멋지게, 우아하게 살고 싶다. 난 이제 5년 전으로 돌아갔다. 백발의 점잖고 품위(?)있는 외모가 아닌, 젊고 생동감 있는 젊은이의 대열에 끼는 것도 괜찮을 것 같다. 절에 갔더니 보살님이 "저렇게 예쁜데, 그동안 왜 염색을 안 했어요?" 하신다. 난 기쁘기도 했지만, 그렇게 말씀해 주시는 마음이 더 고마웠다.

작년 11월 15일(셋째 주 일요일) 경남 밀양 재약산(載藥山) 정상에서 들었던 말이 생각난다. 해발 1,018m인 정상에서 시원한 바람을 쐬며 사방의 경치를 보고 있었다. 저절로 감탄이 나왔다. 모르는 남자 등산객 세 명이 정상에 올라왔는데, 그중 한 사람이 "정말 대단하세요, 여기까지 올라오셨네요." 했다. 나 아닌 다른 사람에게 하는 말인 줄 알고 쳐다보지도 않았다. 난 멋진 경관에 취하여 사방을 둘러보기 바빴다. 그 일행이 내려간 후에 알았다. 낯선 등산객이 나를 보고 어떻게 정상까지 올라왔느냐고 놀라워하며 물었다는 것을…. 백발의 할머니가 거뜬히(?) 정상까지 올라와서 사방팔방 탁 트인 경치를 보고 있어서 조금은 놀란 것 같다. 이런 경우는 한두 번이 아니었다.

5년 동안 백발이 나의 트레이드 마크였다면, 지금의 내 머리색도 영원한 나의 전매특허가 될 것 같은 징조(?)를 띤다. 정말 다행이다. 내 머리색은 검정색도 아니고, 갈색도 회색도 아니다. 젊은 아가씨들이 한껏 멋을 낸 노란색, 빨간색, 파란색은 더더군다나 아니다. 나도 처음 보는 색깔로 튀지 않으면서 일부러 멋을 낸 것 같은 아주 예쁜 카키색이다. 내 머리색을 보고 지인들은 하나같이 '멋진 색'이라고 칭찬(?)을 한다.

 미용실 사모님한테 지인들이 특이하고 멋있는 내 머리색을 부러워한다고 얘기했다. 그랬더니 이런 카키색은 나만 가능하단다. 다른 사람들이 이 색깔로 염색하기 위해서는 여러 번 탈색을 해야 하고, 그 과정이 복잡하단다. 내 머리가 완전 백발이었던 탓에 이렇게 멋진 색깔이 나올 수 있었단다. 그 얘기를 듣고 나니 나 역시 카키색의 염색머리가 더 멋있어 보인다. 난 사랑할 것들이 많아서 행복하다. 백발도, 카키색의 염색머리도….

 백발의 우아함도 간직하고, 영원한 트레이느 마크가 될 기기색 염색머리의 멋까지 누리게 되었다.

화수분

모임에서 돌아와 습관대로 TV를 켰다. 마침 모큐드라마 '싸인'을 방영하고 있었다. 모큐드라마는 다큐멘터리와 드라마의 결합이라는 새로운 장르의 프로그램이다. 모큐드라마는 허구의 상황을 실제처럼 보이게 가공한 영상물이다. '싸인'은 실제 있었던 사건을 소재로 허구의 상황을 가공하는 형식이며 실감 나게 전달하기 위해 재연이나 인터뷰 형식을 삽입하기도 한다.

오늘 방영한 드라마의 내용이 너무 슬퍼서 가슴이 아팠다. 드라마의 제목은 '매일 쫓겨나는 노부부'다. 화면 속의 노부부가 아픈 몸을 이끌고 폐휴지를 줍고 있다. 그 노부부는 매일 쫓겨나서 허기진 배를 움켜잡고 거리를 헤매다가 밤늦게 집에 들어가야 했다. 작은며느리의 구박 때문이다. 시선을 TV에 고정하고 끝까지 시청했다. 드라마가 끝났는데 선뜻 자리에서 일어서지를 못하고 한참을 생각에 잠겼다. 나는 정말 행복한 사람인 것을 재확인할 수 있었다. 노부부한테는 정말 미안했다.

'써도 써도 줄지 않는다'는 화수분의 어원은 하수분(河水盆)이다. 중국 한자에서 하(河)는 황하를 뜻하는데, 황하는 중국 북부를 서에서 동으로 흐르는 중국 제2의 강이다. 하수분이란 말은 한국의 설화에서 나왔다고도 하고 중국 진시황 때 유래되었다고도 한다.

한국의 전래동화는 어떤 사람이 좋은 일을 해서 항아리 하나를 선물로 받았는데, 그 항아리에 쌀을 넣으면 쌀이 계속해서 나오고, 돈을 넣으면 돈이 계속해서 나와서 화수분이라 불렀다는 내용의 동화이다. 또 중국 진시황 때 만리장성을 쌓을 때 군사들을 시켜서 황하의 물을 구리로 만든 물동이에 담게 했다. 그 물동이가 얼마나 큰지 한번 물을 가득 담아놓으면 아무리 퍼도 물이 줄지가 않아서 생긴 말이라고 한다.

드라마를 보면서 나의 화수분인 연금이 보물임을 새삼 느꼈다. 드라마의 내용은 이렇다. 호화로운 유람선엔 행복한 모습의 여행객들이 있었다. 한쪽에 노부부의 다정한(?) 모습도 보였다. 언뜻 보기에 노후를 즐기는 평범한 부부의 모습이었다. 하지만 그것도 잠시, 사람들의 놀라는 비명소리와 함께 해양경찰이 도착하여 바다에 빠진 노부부를 가까스로 구해냈다. 여기까지는 연로하신 노부부가 발을 헛디뎌서 바다에 빠진 거라 생각했다.

노부부를 구조한 해양경찰 대원이 병원으로 후송하여 치료를 받게 했다.

지금부터가 이 프로의 주 내용이다. 입원했던 병원에서 감쪽같이 사라진 노부부를 PD가 찾아다니면서 노부부의 실체가 표면으로 떠올랐다. 시골에서 한의원을 하며 풍족하게 살던 노부부는 아들 둘을 두었다. 노부부는 작은아들 내외의 달콤한(?) 말에 속아 전 재산을 넘겨주었는데, 비극은 여기서부터 시작된다. 재산을 손에 넣자 마음이 바뀐 작은며느리가 노부부를 학대하기 시작했다. 노부부는 드라마의 제목과 같이 매일 쫓겨나는 신세로 전락하였다. 패물까지 다 뺏긴 할머니는 하나 남은 반지를 처분하여 여행경비를 마련하였다. 삶의 의미를 상실한 노부부는 마지막 여행으로 크루즈를 선택한 것이다. 영정 사진도 찍고, 유서도 준비했다. 이승에서의 미련을 모두 바다에 버리려고 했지만, 모진 목숨을 마음대로 할 수는 더더욱 없었다.

드라마 속에서 인터뷰에 응한 사람들은 한결같이 "자식들에게 재산을 전부 주어서는 안 된다"고 입을 모았다. 어쩌다가 세상이 이렇게 변했는지 안타까울 뿐이다.

드라마의 내용 중 더 기가 막혔던 것은 작은며느리가 노부부를 택시에 태워 큰아들네로 보내는 장면이었다. 노부부를 본 큰며느리는 노발대발하며 시부모를 다시 택시에 태워 작은아들네로 보냈다. 드디어 노부부가 보는 앞에서 큰아들 내외와 작은아들 내외가 큰소리를 내며 싸웠다. 죄인이라도 된 것같이 고개도 들지 못하고 좌불안석(坐不安席)하는 그 노부부는 바로 우리들 모습이 아닌가. 모진 학대를 당하면서도 아들과 며느리를 옹호하는 노부부가 한없이 불쌍하고 안쓰러웠다. 아무리 생각해도 이건 아닌 것 같다. 노부부는 두 아들을 불면 날아갈까 쥐면 꺼질까 노심초사하며 '금이야, 옥이야' 하며 키웠을 텐데….

　다행(?)히 난 큰 재산을 갖고 있지 않다. 더군다나 아들 둘이 엄마한테 재산을 나눠달라고 조를 일은 전혀 없으니 행복하다고 해야 하나. 그래도 귀엽고 예쁜 손자와 손녀에게 특별한 날이나 기념일에 용돈과 선물은 빼놓지 않고 줄 수 있다. 그래서 많은 아니지만 손자와 손녀는 이 할미를 많이 좋아한다. 큰아들은 "엄마가 제일 부자예요" 한다. 맞는 말이다. 난 부자다. 마음만은 누구 못지않은 부자다.
　손자가 어린 여동생에게 "할머니한테 잘하면 외국여행을 데리고 간다"고 해서 식구들이 모두 웃었다. 올해도 초등학교 4학년인 손자와 둘이서 외국여행을 다녀왔기 때문이다. 작년엔 태국을 다녀왔고, 재작년엔 싱가폴을 다녀왔다. 해외여행을 두 번 다녀온 손자는 한결 성숙해 보였다. 해마다 손자와 해외여행을 하려고 계획하고 있다. 올 여름방학 때는 1학년인 손녀도 같이 데리고 가려고 며칠 전에 여권신청을 했다. 지인들은 내가 손자와 여행 다니는 걸 무척 부러워한다. 아니, 나의 건강을 부러워한다.

난 든든한 화수분이 곁에 있으니 그저 즐겁고 행복한 날들을 보내면 된다. 그래서 평소에 하고 싶었던 공부와 운동도 하고 지인들과의 모임에도 꼭 참석하려고 노력한다. 오랜만에 만난 사람들은 내 얼굴이 밝아졌다고 한다. 화수분 덕분이다.

자작나무

　오늘은 강원도 인제 원대리 자작나무 숲길을 트레킹 하는 날이다. 이곳은 우리나라 최대의 자작나무 숲이다. 원대리 표지석에서 3㎞의 임도를 따라가야 3천여 그루의 자작나무를 만날 수 있다. 자작나무는 하얀색 나무껍질로 잘 알려진 낙엽활엽교목이다. 나무가 탈 때 '자작자작' 소리를 낸다 해서 자작나무라는 이름이 붙었단다. 이 자작나무 숲길을 걸을 생각에 들떠서 잠도 설쳤다.

　지난 주 수요일, 일본어 시간에 '북녘의 봄'이란 노래를 배웠다. 그런데 가사의 첫 소절이 '자작나무 파란 남풍…'이다. 난 자작나무를 본 적이 없고, 나무껍질이 하얗고 추운 지방에서 자란다는 것만 알고 있었다. 아마 봄이라 해도 북녘 추운 지방이기에 자작나무가 제일 먼저 등장한 것 같다. 노랫말에는 자작나무 외에 목련, 낙엽송, 황매화가 등장한다. 봄을 상징하는 꽃들이다. 지인이 보내준 사진 속의 자작나무는 하나같이 늘씬했다. 나무들도 패션쇼를 한다면 자작나무는 최고의 모델감이다. 순백의 멋진 의상을 걸치고 잔잔한 음악에 맞춰 워킹하는….

사람들은 자작나무를 '숲속의 여왕'이라 부른다. 난 그 이유가 무척 궁금했다.

여행클럽 안내지에 실려 있는 자작나무 숲은 나에게 한번 와 보라고 유혹(?)하며 손짓을 한다. 주변에 있는 내린천과 박장골, 분토골들의 골짜기가 여행객을 반길 준비를 하고 있는 것처럼 보였다.

오늘 트레킹에 참여한 사람들은 전과 다르게 거의 낯선 얼굴의 신입회원들이다. 기존회원들은 아마 전에 이곳을 다녀갔나 보다. 자작나무 숲이 좋아서, 자작나무를 다시 보고 싶어서 또 신청했다는 지인을 만나서 반가웠다. 난 자작나무는 꽃도 열매도 없는 줄 알고 있었다. 그런데, 4~5월에 피는 자작나무의 꽃말이 '당신을 기다립니다'란다. 그래서 더욱 나를 들뜨게 한 것 같다. 자작나무가 목을 길게 빼고 내가 오기를 기다리고 있었던 건 아닐까.

서양에서는 껍질에 글을 쓰는 나무란 의미의 산스크리트에서 이름을 따 버치(Birch)라 불렀다. 새하얀 껍질에 순수한 사랑을 적어 보내면 사랑이 이루어진다고 믿었다. 자작나무껍질로 화촉(樺燭)을 밝히는 행동에는 어둠을 물리치고 나쁜 기운을 막아 주며 행복을 부른다는 의미가 있다. 여기서 화촉(樺燭)은 자작나무 화(樺), 촛불 촉(燭)이다. 옛날 화공들은 이 나무껍질을 태운 숯(白書)으로 그림을 그리거나 가죽을 염색했다고 한다.

자작나무는 수피가 밝은 회색을 띠는 교목으로서 추위에 강하여 강원도 산간지방에 많이 분포되어 있다. 천마총에서 출토된 그림의 재료가 자작나무껍질이며, 팔만대장경도 이 나무로 만들어졌단다.

더욱 내 마음을 사로잡은 것은 노인성 치매와 퇴행성 뇌신경계 예방에 탁월한 효과가 있다는 사실이다. 치매는 100세 시대에 가장 무서운 질병이 아닌가. 또한 환경오염으로 인한 아토피성 피부질환 개선에도 도움을 준다고 한다. 아토피 때문에 빵과 과자 등 맛있는 음식을 마음대로 먹지 못하는 손자와 같이 와서 자작나무 숲의 기운을 느껴야겠다.

우리나라 최대의 자작나무 숲을 폰에 담았다. 자작나무는 위풍당당하게 서 있다. 정말 멋있는 나무다. 워킹여행클럽에서 만나 친구가 된 회원 네 명과 돗자리를 펴고 맛있는 점심도 먹었다. 숲에서는 뭐라 표현할 수 없는 향기가 났다. 자작나무 숲길의 풍경과 함께 특유의 향을 느끼면서 힐링(healing)하고자 마음먹었다.

몽골사람들은 이 자작나무를 '신목(神木)'이라고 한다. 하늘과 사람의 세상을 이어주는 나무라 생각하여 많은 사람들이 이 나무를 신성시하고 있다. 그래서인지 절대로 자작나무엔 벼락이 치지 않는단다. 이 나무껍질에 소원을 적어서 태우면 그 소원을 하늘에서 들어줄 것이라는 믿음 때문일까. 중국에서도 나무껍질에 연애편지를 써서 건네면 그 원이 이뤄진다고 해서 캠퍼스에 있는 모든 자작나무들의 껍질이 수난을 당하고 있단다. 원대리 자작나무도 하얀 껍질이 벗겨져 있다. 아마 연인들이 껍질을 벗겨서 연애편지를 써서 주고받았나 보다.

자작나무는 버릴 것이 하나도 없다. 수액을 이용하여 기능성 간장과 된장을 만들고, 껍질의 추출물은 피부주름개선 화장료 조성물(組成物)로 쓰인다. 그런가하면 자작나무의 잎, 줄기의 껍질, 뿌리의 껍질 및 열매 중 1종 이상으로부터 얻어진 추출물이 염모제용 조성물로 쓰인다 하니 정말 놀라울 뿐이다. 이렇게 유용한 자작나무가 나를 기다려준 것이 고마워서 머리를 들어 다시 쳐다본다.

자작나무는 서로 손잡고 무대를 한 바퀴 돌아 휘날레(finale)를 장식하려고 한다. 자작나무는 분명 '숲속의 여왕'이다.

촛 불

　국민가수 J씨가 부른 '촛불'을 오늘도 흥얼거린다. 따라 부르는 건 자신이 없는데 가사가 내 맘에 와 닿기 때문이다. 보는 사람도 없고, 듣는 사람도 없으니 마음 놓고 흥얼거린다. 음정과 박자는 무시하고 '그대는 왜 촛불을 키셨나요···, 그대는 왜 촛불을 키셨나요~~'라고.
　지난주부터 멋진 촛대 위에 서 있는 양초에 불을 붙여서 거실과 베란다를 장식했다. 환하게 주위를 밝혀주는 촛불을 보면서 사색에 잠기기도 하고 초의 심지가 타는 모습도 지켜보고 있다. 말없이 흐르는 촛농을 보면 괜히 슬퍼지기도 한다. 내 안에서 남모르게 흐르는 눈물 같아서다. 베란다에 수시로 나가서 냄새를 맡아보는 것도 일과 중 하나다. 아마 사람들은 이런 나를 보고 의아하게 생각하거나 청승스럽다고 할지도 모르겠다. 또 어떤 이는 센티멘털(sentimental)하고 시(詩)적이라고 하겠지.

그러나 아이로니컬하게도 센티멘털하고는 거리가 멀다. 내가 촛불을 켤 생각을 한 것은 순전히 14살짜리 반려견 타니 때문이다. 타니의 나이가 많아서인지 베란다와 거실에서 냄새가 심하게 난다. 아니, 우리 집 전체가 녀석의 냄새로 가득 차 있다. 매일 탈취제를 뿌려도 냄새가 가시질 않는다. 샤워를 시켜도 여전히 녀석의 체취(體臭)가 진하게 남아있다. 특히 비가 오면 냄새가 심하다.

어리고 철없는 손자와 손녀가 우리 집에 들어오면서 무심코 "아휴~~냄새야!" 할까봐 내심 걱정이다. 내가 느끼기에도 냄새가 심하게 나는데, 아들 내외는 전혀 내색을 않는다. 두 아들 내외가 나를 배려해주는 걸 알기에 속으로 고마워할 뿐이다.

그래서 생각한 것이 촛불이다. 즉석에서 고기를 구울 때 고기 냄새가 옷에 배일 것을 걱정하여 촛불을 켜지 않는가. 고급 레스토랑에서 촛불을 켜는 것도 실내 분위기를 살리기도 하고, 냄새를 제거하려는 목적도 있다.

일주일간 촛불을 밝힌(?) 덕에 타니의 냄새가 많이 가셨다. 정말 다행이다.

촛불을 보며 이런저런 생각에 잠겨본다. 그러고 보니 촛불은 크고 작은 행사에 빠질 수 없는 주인공이다. 촛불에 관한 기원을 찾아보니 중세 독일의 '킨테 페스테'라고 불리는 생일 축하 행사에서 유래되었다고 한다. 아침에 눈을 뜨면 촛불을 켠 케이크를 선물로 받고, 저녁 식사 때 온 가족이 둘러앉아 케이크를 먹을 때까지 계속 켜놓는 것이 당시의 풍습이었단다. 이 촛불은 '생명의 등불'을 의미하는 것으로, 지금과는 다르게 실제 나이보다 한 개를 더 많이 꽂았다고 한다. 또 다른 한 해를 이끌어주는 등불로 삼도록 하기 위해서란다.

하지만 현대인들에게는 초를 켜는 의미가 실감나게 다가오지 않는다. 나 역시 절(寺)에서 양초와 향을 많이 접하기에 촛불을 켤 생각을 한 것이다. 옛날에는 촛불보다는 기름등잔을 사용했다. 기름등잔은 그을음도 있고 밝지 못한 반면에 밀초의 촛불은 대단히 밝고 냄새나 그을음이 없다. 그 시절에는 밀초의 가격이 기름보다 많이 비쌌다고 한다. 그럼에도 불구하고 신(神)께 제(祭)를 올릴 때에는 향과 함께 초를 사용했단다.

촛불은 자신의 몸을 태우고 희생하여 주위를 밝힌다. 불교에서 부처님께 올리는 여섯 가지 공양물엔 꽃, 향, 등, 쌀, 차, 과일이 있다. 그 중 등(燈)공양은 등불(연등, 초, 전깃불)이 어둠을 밝히듯 이 등(燈)이 온 누리를 밝게 비춰, 중생들의 어두운 마음에 빛이 되어 악업은 멸하고 반야지혜를 터득하기를 기원한다.

그런가하면 '너희는 세상의 빛이다'라고 하신 예수님 말씀처럼 의(義)를 좋아하고 사랑(愛)하며 선(善)하고 올바르고 밝은(眞) 사람이 되어서 스스로 빛을 발하게 하는 세례성사에도 촛불을 켰다. 초의 용도가 어둔 밤을 밝히는 것에 쓰이듯, 세상 사람들의 어두움을 밝혀주는 빛이 되어야 한다는 의미이다.

또 TV뉴스를 보면, 크고 작은 사건엔 촛불시위가 따른다. 사람들의 많고 적음보다는 바람에 흔들리는 촛불의 위력이 훨씬 더 크게 다가온다.

레크리에이션(recreation)이나 각종 수련회에서 추억의 필수코스도 촛불 의식이다. 나와 남편, 그리고 삼남매 모두 스카웃 대원이었다. 물론 나와 남편은 스카웃 대장이다. 4학년인 손자도 컵 스카웃 대원으로 활동하고 있다. 올봄에 손자의 학교에서 스카웃 발대식을 하는 날, 작은아들네 식구랑 행사를 참관했다. 스카웃 복장을 한 손자의 의젓한 모습이 멋져보였고 마음까지 뿌듯했다. 촛불을 들고 선서를 하는 어린 학생들을 보니 스카웃 대장이었던 옛날이 생각났다.

나와 걸스카웃 대원들은 야외 정원에 큰 원으로 빙 둘러 서 있다. 옆 사람에게 희생과 봉사와 진실의 마음을 담아 촛불을 붙여준다. 여기서 촛불은 단순한 촛불의 의미가 아니라 태초에 세상이 열리고 우리 인류가 간직해 왔던 사랑과 희생과 진실의 불꽃이다. 촛불은 이렇게 주위를 정화시키고, 마음을 순화시킨다. 정원의 가로등을 모두 꺼서 주변은 깜깜한데, 촛불만이 어둠을 밝히는 꽃이 되어 춤을 추고 있다.

잔잔한 음악이 흘러나오면 모두 숨을 죽이고 분위기는 엄숙하게 바뀐다. 집에 계신 부모님을 생각하면서 "어머니, 아버지 사랑합니다!" 하고 크게 불러보라는 사회자의 멘트(ment)에 여기저기서 울음이 터져 나왔다. 매년 하는 행사인데, 그때마다 행사장은 울음바다다. 나를 희생하며 주위를 밝히는 촛불과, 자식만을 위하여 모든 것을 희생하시는 부모님의 사랑은 많이 닮았기 때문이다.

반려견 타니 덕분에 모처럼 옛날의 스카웃 대장이 되어 부모님의 숭고한 희생정신을 되새길 수 있었다. 무심히 흘러내리는 촛농(膿)을 보면서 내 몸에서 3독(毒)인 탐·진·치(貪·瞋·癡)까지도 녹기를 소원(所願)해 본다.

사랑초

　베란다에는 사랑초 화분이 2개가 있다. 작년에 내가 쓴 수필 '사랑초'를 읽으신 J선생님께서 집에서 가꾸던 사랑초를 주셨다. 뿌리가 실한 것을 신촌 수필교실로 가져오셨는데, 그날따라 내가 결석을 했다. 일주일을 빈 강의실에서 외롭게 지냈을 사랑초에게 많이 미안했다. 집에 도착하자마자 화분에 정성스레 옮겼고 물도 듬뿍 주었지만, 많이 시든 상태라서 죽을까봐 내심 걱정이 되었다. 주신 분의 성의를 봐서라도 잘 키우리라 마음먹었다.
　하지만 우리 집엔 사람(人)도 사랑(愛)도 부족해서, 사랑을 먹고 사는 사랑초가 자라기엔 조건(?)이 맞지 않는다는 생각은 변함이 없었다. 그랬다. 작년까지 우리 집에 있는 사랑초가 생육이 좋지 않았다. 근근이 명을 이어가는 것 같아 내 마음이 아팠다. 딸을 잃은 슬픔이 고스란히 사랑초에게 전해진 것 같아서다.

사랑초의 공식명칭은 옥살리스(oxalis)다. 사랑초는 옥살리스 가운데서도 보라색 잎의 품종만을 가리킨다. Oxalis는 그리스어로 '시다'라는 뜻인데 잎과 줄기를 깨물면 신맛이 나서 붙여진 이름이다. 사람들은 뱀처럼 독을 가진 동물이 신맛을 싫어하는 줄 알고, 옥살리스를 호신용으로 간직하기도 했다고 한다.

그런데 사랑초를 기르면서 알게 된 것이 있다. 실로 나에게는 큰 수확이다.

나는 요즈음 나 아닌 다른 사람을 사랑하고 있다. 또 다른 사람으로부터 사랑을 받고 있다. 아니, 내 주위의 모든 사람들이 나에게 큰 사랑을 보내고 있다. 나도 모르는 사이에 내 얼굴에도 미소가 피어오르기 시작했다. 난 영원히 이런 날은 오지 않을 거라 생각했었는데…. 사랑초가 이런 상황을 먼저 알고 신이 난 것 같다. 잎도 무성하고 꽃도 아주 예쁘게 핀다. 나를 보면 의미심장하게 윙크를 한다. 우리 둘만 아는 비밀이다.

내가 사랑하는 그 사람의 집에도 사랑초가 있다. 더 신기한 것은 거기에 있는 사랑초 잎은 어린이의 손바닥보다 더 크다. 우리 집에 있는 것과 비교가 안 된다. 아마 그 사람은 사랑을 줘도 아주 많이 주나 보다. 또 사랑을 받아도 훨씬 많이 받는

게 아닌지.

　아주 작은 식물이라도 주인의 마음 따라 아주 크게 자랄 수 있다는 걸 알았다. 지난달에 혜민스님이 쓰신 베스트셀러『멈추면 비로소 보이는 것들』을 지인이 보내주었다. 책 내용은 우리가 흔히 놓치기 쉬운 아주 작은 것도 그냥 지나치지 않고 꼭 집어서 알려준다. 그중에서도 '내가 나 자신을 사랑하면, 다른 사람도 나를 사랑한다.'고 하는 내용이 눈에 띄었다. 그동안 나는 희망을 잃고 덧없이 살았고, 항상 죄의식 속에서 웅크리고 있었다. 숨을 쉬는 것조차 사치라 생각도 했었다.

　어리석게도 나 자신을 사랑하지 않았을 뿐 아니라, 사랑이라는 말 자체를 멀리하고 있었다. 나는 스스로 사랑이란 말이 어울리지 않는다고 마음 속 깊이 못을 박아놓았기 때문이다. 내가 나를 사랑한다는 것은 나를 돌아보고, 부족한 것은 채우고 지나친 것은 덜어내고 깎아내는 것이 아닐까?

　나를 보듬어주고 또 다듬었더니 마음이 저절로 열리는 걸 느꼈다. 두꺼운 얼음 속에 갇혀있던 내 마음이 살얼음으로 변하더니, 이제는 완전히 녹아서 예쁜 꽃을 피우기 시작했다. 정말 아름다운 꽃이다.

　입가에 미소가 피어오른다. 내가 웃고 있으니 우리 아이들이 더 좋아한다. 웃음에 관한 속담 중 가장 많이 사용하는 '웃으면 복이 온다'는 말이 있다. 난 그보다는 '웃으니까 행복하다'란 말을 전하고 싶다. 요즈음 만나는 사람마다 나를 보고 예쁘다고, 또 멋있다고 한다. 70이 코앞인 사람에게 하는 말이니 그냥 웃어넘긴다. 그냥 듣기 좋으라고 하는 말인 걸 알기 때문이다. 그래도 기분은 좋다.

 사랑초의 잎과 꽃의 모습이 낮과 밤에 달라지는 것이 나에게는 가장 흥미롭다. 햇빛이 비치면 꽃은 활짝 피고, 잎 또한 나비의 날개처럼 펼쳐진다. 화려한 드레스를 입은 여인이 되어 탱고를 추고 있다. 저녁의 사랑초는 꽃은 움츠리고 잎은 나비가 날개를 접듯 얌전하게 포갠다. 단잠에 빠져서 내일 늦게 일어날지도 모른단다. 미인은 잠꾸러기니까….
 어떤 이는 낮에 피는 사랑초는 마당에서 신나게 뛰어노는 아이들의 모습이고, 저녁에 움츠린 꽃은 밤이 되어 밀려오는 졸음에 꾸벅꾸벅 조는 아이의 모습이라 표현했다. 이 얼마나 멋진 상상력인가.
 오늘도 날개를 접은 나비가 되어 수줍은 표정으로 나를 훔쳐본다. 그 사랑초가 너무나 고맙고 대견하여 얼굴을 가까이 대본다. 상큼한 향내가 나는 듯하다. 사랑초에게 보답하기 위해서라도 아름다운 사랑을 하리라 다짐해 본다. 사랑초를 기르기 전에는 난 그저 내 마음에 따라 꽃을 보았다. 어느 날은 아름답게 보이기도 하고, 어떤 때는 꽃이 눈물을 흘릴 것 같은 느껌을 받았었다.

　고맙게도 우리 집 사랑초는 '당신을 버리지 않아요.'라는 꽃말과 같이 결코 나를 배신하지 않았다. 대신 더 풍성하게 피어서 나를 기쁘게 해주고 친구가 되어 내 곁을 지켜주겠단다. 정말 다행이다. 그 사람 집에 있는 사랑초도 언젠가는 나에게 사랑의 윙크를 보내지 않을까.

　흔히 말하기를 사랑은 받는 것이 아니라 주는 것이라고 한다. 사랑초는 이런 나의 맘을 알고 나에게 힘내라고 응원의 나팔을 불어준다. 눈 감는 그날까지 사랑을 주고, 사랑을 받으리라. 우리 집 사랑초처럼….

천지연

 내가 다니는 학습관도 방학이라 모처럼 휴식시간을 가졌다. 손자와 손녀는 작은아들이 데리고 빙상장에 갔다. 습관대로 TV를 켰다. 며칠 전에 다녀온 백두산 '천지연'이 눈앞에 펼쳐져 있다. 영상 속의 천시연은 정밀 신미(神秘)힘 그 지체다. 백두산 천지는 중국에서도 가장 깊은 호수다.

 지난달 아산불교산악회 카페에 백두산 관광을 원하는 여행객을 모집한다는 공지가 올라왔다. 작은아들과 손자, 나까지 세 명이 신청을 했다. 백두산 관광은 많이 걷는 줄 알고 걱정했는데, 셔틀버스를 이용해서 천문봉까지 간다고 했다. 아직 어린 손자(11세)는 산(山)보다는 볼거리, 먹을거리가 많은 관광지를 좋아하기에 백두산엔 안 간다고 할 줄 알았는데 흔쾌히 가겠다고 한다.

    8월 7일부터 11일까지 4박 5일 일정이다. 마침 작은아들이 휴가라서 다행이다. 난 나대로 아들과 손자랑 같이 여행을 간다는 것이 뿌듯하고 좋았다. 특히 어린 손자가 백두산 천지를 보기 위해 따라나선 것이 대견스럽다. 아들에게 "넌 네 아들 챙겨! 난 내 아들 챙길게." 했다.

    이번 여행은 완전 버스투어(bus tour)다. 버스에 오르면 4시간을 논스톱(nonstop)으로 달렸다. 새벽 5시에 모닝콜(morning call)했고, 밤 11시가 넘어서 호텔에 들어갔다. 강행군이다. 버스여행에 힘들었는지 손자가 제 아빠한테 "당분간은 여행을 못 할 것 같아요." 하더란다. 그 말을 듣고 난 웃음이 나왔다. 정말 버스를 실컷 탔다. 4박 5일 동안 서울에서 부산까지를 몇 번 왕복했는지 셀 수가 없다. 버스에 오르면 아예 눈을 감는다. 다행히 난 버스나 비행기를 타면 곧 잠이 든다. 천만다행이다.

    가이드가 먼젓번에 오신 손님 중에 3대(할아버지, 아들, 손자)가 있어서 천지연을 볼 수 있었다고 했다. 얘기 끝에 앞자리에 앉아있는 나와 작은아들, 손자를 보더니 "어! 여기도 3대가 오셨네." 한다. 사람들이 천지연을 보려면 3대(代)가 덕을 쌓아야 한다고 했지만, 난 예사롭게 한 귀로 흘려보냈다. 민족의 영산인 백두산과 천지연을 부각시키려고 그냥 하는 말이라 생각했기 때문이다. '백 번 와서 두 번 천지를 봐서 백두산'이라고 가이드가 알려준다. 난 웃기려고 하는 말인 줄 알았다. 그런데 '백문(百聞)이 불여일견(不如一見)'이란 말을 실감했다.

백두산엔 자작나무가 산을 뒤덮고 있었다. 이도백하에서 서파입구로 가는 길은 온통 자작나무가 도열해 있다. 우리 일행을 맞이하기 위해서다. 아무래도 난 자작나무와 인연이 깊은 것 같다. 백두산의 날씨는 변화무쌍하다. 고도가 높은 지역은 나무들이 서식을 못한다. 단지 키 작은 야생화와 초목만이 나름대로 멋을 내고 관광객을 맞이하고 있다.

하루는 북파에서, 또 하루는 서파에서 관광하는 일정인데 두 번 다 천지를 볼 수 있었다. 정말 행운이었다. 일행들은 우리 손자가 와서 천지를 보았다면서 손자에게 고맙다고 했고, 나와 아들, 손자, 3대(代)가 왔기 때문이라고 덕남(德談)도 했다.

북파에서 전용차량으로 천문봉까지 올라가는데, 주변의 경관이 나를 사로잡았다. 잡초(?)도, 야생화도 빼어나게 예뻤다. 마음 한편에 천지연을 볼 수 있을까 하는 불안감이 있었지만, 나를 반겨주는 야생화의 미소에 잠시나마 걱정을 내려놓을 수 있었다.

날씨가 정말 장난 아니다. 전혀 예측할 수 없는 것이 이곳의 날씨다. 얼마나 변덕을 부리는지…. 새벽에 깨어서 밖을 쳐다보니 날씨가 쾌청했다. 다행이다 싶었고, 천지연을 무난히 볼 수 있을 것으로 여겼다. 그런데 천문동 입구에 들어서니 비가 내리고 구름이 앞을 가린다. 안개까지 합세를 했다. 표현은 안 했지만 조금씩 초조해졌다. 우리 일행 중에는 5년 전에 와서 천지연을 못 보고, 이번에 다시 오신 부부가 있었다.

북파코스는 이도백하에서 북문으로 들어가 도참구 정류장에서 셔틀 승합차로 갈아타고 백두산 휴게소까지 올라간다. 휴게소에서 가장 높이 보이는 백두산 산봉우리가 천문봉(天文峰)이다. 천문봉에는 천지를 보기 위해서 찾아온 관광객들로 발 디딜 틈이 없다. 사람이 천지라서 '천지'라고 했다는 우스갯말이 실감났다. 또, 천지(天池)를 못 보고 온 사람이 천지라서 '천지'라고 한단다. 물론 웃으라고 한 말이지만, 결코 틀린 말은 아닌 것 같다. 버스를 오래 타서 지루했고, 비바람에 추위가 엄습했지만 눈앞에 펼쳐진 천지의 오묘한 신비로움에 모두 잊을 수 있었다. 오로지 감탄과 감격만이 나를 들뜨게 했다. 천지연을 눈에 담고, 가슴에 간직하고 폰에 담기에 여념이 없었다. 내 핸드폰에 천지연의 비경이 고스란히 담겨있다.

방금 전까지도 안개에 뒤덮여 있어서 혹시나 못 보고 그냥 돌아갈까 봐 마음 졸였다. 그런데 안개가 서서히 사방으로 퍼져 나가는 것이 아닌가. 사진 속에서만 보던 천지연이 내 눈앞에 펼쳐져 있다. 여기저기서 탄성이 터졌다. 금방 여의주를 입에 문 용(龍)이 올라올 것 같은 분위기다. 용왕담(龍王潭)이라고 하는 이유를 알 것 같다.

　천지에 시선을 고정했다. 많이 보고, 더 많이 감격하고 싶었기 때문이다. 하지만 비가 내리고 바람이 불어서 오래 서 있을 수가 없었다. 바람막이 점퍼를 입었어도 추위는 막지 못했다. 다행히 우비가 바람을 막아주는데 일조를 했다. 두꺼운 장갑을 꼈는데도 손이 시리다. 천지연을 오래도록 보고 싶었지만 다음에 다시 오기로 하고 아쉬운 마음을 접었다. 내려오는 길가에 우비를 입은 마네킹(?)이 앉아 있었다. '웬 마네킹이지?' 하고 가까이 가보니 사람이다. 건장한 남자 다섯 명이 우비를 입고 미동도 하지 않는다. 지나가는 사람들이 '천지연의 기(氣)를 받는 중'이라고 알려준다. 세상에! 이렇게 움직여도 추운데 저 사람들은 얼마나 추울까. 새삼 그분들이 대단해 보였다.

　서파에서는 1,442개의 계단을 올라가야 한다. 이곳도 예외는 아니다. 인산인해(人山人海)다. 주차장까지는 맑은 날씨가 우리를 들뜨게 하더니 계단을 오르는데 비가 내렸다. 다시 우비를 입고 계단을 조심조심 올랐다. 계단을 오르는 내내 안개비가 내렸다. 북파만큼 춥지는 않았지만 이번에도 우비가 추위를 막아준다. 슬슬 걱정이 앞선다. 천지를 또 보고 싶은 욕심 때문이다. 드디어 1,442개의 계단을 넘어서 인파를 헤치고 천지 앞에 다가섰다. 안개가 자욱해서 아무것도 보이질 않는다. 실망하려는 순간, 천지를 덮고 있는 안개가 서서히 물러가는 모습은 말 그대로 장관이었다. 마음속으로 안개를 향해 고맙다는 말을 하고 또 했다. 어쩜 우리가 도착하자마자 구름과 안개가 약속이라도 한 듯 얌전하게 일어나서 뒷걸음질 치는 것이 아닌가. 무대에 쳐진 커튼이 멋진 공연을 보여주려고 서서히 열리는 것 같았다. 화려한 공연이 시작되려고 한다. 우리는 아니, 모여 있던 사람들은 너나없이 와~ 하고 함성을 질렀다.

　서파에서 보는 천지연은 북파의 천지연과 또 다르다. 한눈에 천지연을 담을 수 있다. 천지연 물속은 어떤 비바람에도 흔들리지 않고 조용히 사색에 잠겨있는 듯하다. 여유롭기까지 하다. 내 맘속의 크고 작은 바람(風)을 천지연은 알고 있다며, 모두 잠재워주겠다고 내 귓가에 속삭인다. 나는 밝은 웃음으로 답했다. 다음에 다시 오겠다는 약속도 잊지 않았다.

　집으로 오는 버스 안에서 손자에게 "너는 정말 큰 경험을 일찍 했다."고 말해줬다. 일행들도 모두 손자에게 "어른들도 힘든 코스인데, 아무런 불평 없이 잘 따라줘서 착하고 대단하다."고 칭찬을 해준다. 꿈에 그리던 천지연을 본 것도 좋았지만, 아들과 손자와 같이 한 여행이라서 더욱 보람이 있었다.

민족의 꽃

 윤정사(寺) 가는 길가엔 우리나라의 꽃인 무궁화가 줄지어 서 있다. 지날 때마다 만나서 반갑다고 눈웃음친다. 나의 건강과 행운까지 빌어주는 듯 온화한 표정으로 바라본다. 무궁화를 보면 어릴 적 추억을 떠올릴 수 있어서 더 정겹다.
 또 무궁화를 보면 친구가 생각난다. 그 친구도 중등 교장으로 퇴임했다. 공무원이었던 친구의 부군(夫君)은 은퇴 후에 시골로 내려왔다. 부부(夫婦)가 야심차게 가꾼 수목원에 향나무와 주목, 보리수나무, 벚꽃, 특히 무궁화를 수천 그루 키우고 있었다. 전(前)에 같이 근무했던 A교육장을 친구에게 소개했다. 친구는 그 자리에서 2천 그루가 넘는 무궁화를 교육청에 희사하겠다고 약속했다. 무궁화는 품종이 다양한데, 친구가 희사한 무궁화는 아주 우수한 품종이라 했다. 친구는 학생들이 무궁화 꽃을 보면서 '나라사랑' 하는 마음이 저절로 우러나기를 바라지 않았을까.

현충사가 있는 아산시는 초·중·고등학교 학생들에게 '나라사랑' 교육에 열과 성을 다한다. 각 학교에선 게시판에 '나라사랑코너'도 있고, 나라사랑에 대한 자료를 만들어 가정에 배포하기도 했다. 또 교정에 무궁화동산을 만들어 학생들에게 우리나라 꽃의 꽃말과 특징 및 우수성을 가르친다.

무궁화는 대한민국의 국화(國花)다. 무궁화가 정식으로 국화가 된 것은 해방 직후 1948년에 정부가 수립되면서부터다. 우리나라 최고의 훈장은 무궁화대훈장이다. 각 부처의 상징도 무궁화다. 삼복염천(三伏炎天)에 홀로 피고, 가지가 끈끈하고 질겨서 잘 꺾이지 않는 것이 바로 우리 민족의 지혜로운 참모습을 보여준다. 끊임없이 새 꽃을 피우는 무궁화가 강인한 우리 민족의 성격을 닮았다 해서 나라꽃이 되었단다. 꽃 속에 담겨진 우리의 역사와 정신을 가슴깊이 새겨야겠다고 다짐해 본다.

무궁화 꽃잎의 색깔은 흰색·분홍·빨강·보라색이며, 무늬도 여러 가지로 화려하다. 꽃말도 '섬세한 아름다움, 일편단심, 은근, 끈기' 등이다. 이 중에서 우리 민족성을 가장 잘 나타낸 것은 단연코 '끈기'라고 생각한다.

무궁화는 단심계(적단심, 자단심, 청단심, 백단심), 아사달계, 배달계

등 여러 종류가 있다. '배달계'는 꽃잎이 흰색이고, 중앙에 붉은 색의 단심이 없는 것이 특징이다. 배달계는 순백색의 가장 아름답고 큰 무궁화이기도 하지만, '배달'이란 말은 백의민족(白衣民族)인 한민족을 지칭하는 이름이어서 더 사랑을 받는 것 같다.

  어린 시절이 생각났다. 초등학교 1학년 때 아버지의 사업 때문에 Y읍으로 이사를 했다. Y읍에서 만 3년을 살았는데, 집 근처에 Y농고가 있었다. Y농고 담장엔 무궁화꽃이 한여름 내내 피어 있었다. 시골에 사시는 외할머니께서 우리 집에 오시면, 아침 일찍 남동생을 업고 집 근처를 산책하셨다. 한 바퀴 돌고 오신 외할머니 등에 업힌 남동생 손엔 어김없이 무궁화 꽃 한 송이가 들려 있다. 옛날엔 지금같이 흔히 보는 장미나 배롱나무 대신 무궁화가 가로수였고 울타리였다.

  올해는 광복 70주년 되는 해이다. '영원히 지지 않는 꽃'이란 뜻을 지닌 무궁화는 일제강점기에 한바탕 시련을 겪었다. 일제는 무궁화를 '보기만 해도 눈에 핏발이 서고, 손에 닿기만 해도 부스럼이 생긴다.'고 선전을 했다. 그때에 무참히 베어낸 무궁화가 부지기수라고 한다.

  우리도 한때는 진딧물과 벌레 때문에 냉대했고, 무궁화 꽃이 시들어 떨어지므로 추하고 초라하다고 싫어하기도 했다. 하지만 무궁화 꽃은 떨어질 때 초라한 것이 아니라 꽃잎이 통째로

똑 떨어져서 반대로 깔끔하다. 열매는 익으면 땅에 떨어지고, 떨어진 씨는 땅속에서 혼자 겨울을 보내고 봄이 되면 새로운 싹을 틔운다. 특히 무궁화는 열매나 꺾꽂이로 잘 번식되고 땅을 가리지 않고 잘 자란다.

 최근엔 약용으로서 가치가 높은 것으로 드러나면서 다시 각광을 받고 있다. 무궁화의 껍질은 피부병에 좋고, 종자는 해수와 편두통을 낫게 하고, 꽃은 이질과 복통에 효과적이며, 잎은 종기에 탁월한 효과가 있다. 특히 흰 무궁화 꽃 추출물이 골다공증 억제에 효과가 있는 것으로 드러나 건강기능성 식품 개발과 천연 신약 개발에까지 진출한 상태라고 한다.

 무궁화의 한자는 '없을 무(無) 다할 궁(窮) 꽃 화(花)'다. 직역하면 '끝이 없는 꽃'이라는 뜻이다. 옛 이름은 목근(木槿), 순화(舜華), 훈화초(薰華草)다. 민족의 정신이 담긴 꽃이며, 은근하고 겸손하며 지칠 줄 모르는 민족성을 나타낸다. 아침에 핀 꽃은 저녁에 시든다. 그러나 다음날 아침엔 다른 꽃이 피기 때문에 100일 동안 꽃을 볼 수 있다. 우리나라 사람들의 '은근과 끈기'를 여실히 보여주고 있다. 그리고 중국의 시경에는 '안여순화(顔如舜華)'라는 말이 나온다. 얼굴이 무궁화 꽃처럼 아름답다는 뜻으로 매우 예쁜 여자를 가리키는 말로 사용되었다. 이토록 예쁜 무궁화가 전국 산하에 널려있는 벚꽃과는 달리 만나기도 힘들고, 우리 마음속에서도 거의 잊혀져가는 것 같아 안타까웠다.

금년 4월엔 광화문 동아미디어센터에서 무궁화 묘목 나눔 행사를 가졌다는 뉴스를 봤다. 한국근우회가 1982년부터 민족의 꽃이자 나라꽃인 무궁화로 민족혼을 일깨우기 위해 매년 개최한단다. 전국의 무궁화 축제는 여러 개가 있다. 그중 가장 큰 축제는 산림청이 주최하는 광화문 '나라꽃 무궁화 축제'인데 올해 25회째를 맞이한단다. 그 외에 국립 서울 현충원에서 해마다 광복절 즈음에 축제가 열린다. '가평 아침고요 수목원 무궁화 축제'도 있고, 또 '전국 무궁화 수원축제'와 '홍천 나라꽃 무궁화 축제' 등이 있다.

우리 아이들이 '나라꽃 무궁화 축제'도 보고 무궁화가 품고 있는 의미를 되새기면서, 민족의 꽃인 무궁화를 아끼고 사랑해 주기를 바란다. 아파트 내 놀이터에도 무궁화동산을 만들어 어린 꿈나무늘이 우리나라의 꽃인 무궁화를 보면서 온근과 끈기를 갖도록 하면 어떨까.

운정사에 갈 때마다 나를 보고 방긋 웃어주는 무궁화 꽃이 고마워서 오늘은 손을 흔들어 줬다. 무궁화 꽃도 수줍은 듯 살포시 손을 흔든다.

닉네임(nick name)

 나의 닉네임은 여럿이다. 하지만 난 내 이름과 닉네임을 모두 좋아한다. 아니, 사랑한다는 표현이 맞는다.

 할아버지께서 지어주신 '이정희'는 한자는 틀려도 한글로 같은 이름이 엄청 많다. 아마 '이정희'라는 이름이 좋은가 보다. 내 고향은 공주시에 있는 '유구'다. 이곳에서 태어나서 초등학교와 중학교를 다녔다. 초등학교 1학년 때, 아버지의 사업 때문에 예산읍으로 이사를 해서 만 3년을 그곳에서 살았다. 예산초등학교를 다녔는데, 우리 반에 이정희가 둘이었다. 친구는 큰 이정희, 나는 작은 이정희로 불리었다. 4학년이 되어 내 고향인 유구로 다시 이사를 왔다.
 유구초등학교에선 1반과 2반, 두 반이 있었다. 나는 2반이었는데 한 반에 이정희가 또 있었다. 선생님과 반 친구들은 그 애를 '큰 이정희', 나를 '꼬마 이정희'로 불렀다. 만 5세에 입학한 나는 정말 꼬마였다. 중학교 때는 '이정희'가 나 혼자였는데도 불구하고, 내 이름 앞에는 '꼬마'라는 단어가 3년 내내 붙어 다녔다. 그랬던 내가 고등학교에서는 '큰 이정희'로 불리었다. 학년이 한 반밖에 없었는데도 이정희가 또 둘이었다. 그 친구는 키가 작아서 작은 이정희, 나는 친구보다 키가 커서 큰 이정희였다. 꼬마 이정희가 큰 이정희로 변신을 한 것이다. 고등학교 동창들은 지금도 나를 '큰 이정희'로 부른다. 나는 중학교 때까지 키가 작아서 맨 앞자리에 앉았었는데, 신기하게도 중학교 3학년 후반기부터 키가 많이 자랐다. 지금은 초등학교와 중학교 때 뒷자리에 앉았던 친구보다 내 키가 훨씬 크다.

한국문인협회에 가입할 때는 내 이름 앞에 호(號)를 붙여야 했다. 나와 똑같은 이름이 많아서다. 나의 호는 아주 오래전에 꽃꽂이를 가르쳐 주신 선생님께서 지어주셨다. 선생님의 문하생들이 서울 C호텔에서 꽃꽂이 전시회를 했었다. 내 작품의 이름표에 선생님이 '청하 이정희'라 적으셨다. 물론 나하고 일체 상의 없이 선생님께서 임의로 지어주신 거다. '청하'란 닉네임(nick name)이 내 맘에 꼭 들었다. 그때부터 청하는 나의 호가 되었다.

수필집을 내면서 내 호를 한자(漢字)로 쓰고 싶었다. 스님께 청하에 어울리는 한자를 붙여달라고 부탁드렸다. 며칠 후에 문자로 보내주신 한자를 보고 놀랐다. 내가 좋아했고, 꼭 쓰고 싶었던 '노을 하(霞)'를 살리셨기 때문이다. 청하(請霞)의 뜻풀이를 보고 또 한 번 놀랐다.

'청할 청(請), 노을 하(霞)'는 '함께 어울려 청하오니, 한 폭의 노을이 우리네 인생을 닮아 장관이로세.'란 깊은 뜻이 담겨있었다. 솔직히 호에 마음에 드는 한자를 붙이려고 내 나름대로 고민을 많이 했었다. '노을 하(霞)'자 앞에 어울리는 '청'자를 고르기가 쉽지 않아서다. '푸를 청(靑)'과 '맑을 청(淸)'이 머리 위를 맴돌았다. 그렇지만 푸른 노을과 맑은 노을은 어쩐지 어색했다. 그래서 푸를 청이나 맑을 청에 맞는 '하'를 바꾸려고 강 하(河)와 여름 하(夏)를 떠올렸지만 마음이 내키지 않았다. 난 '노을 하(霞)'를 꼭 쓰고 싶었기 때문이다. 청할 청(請)은 생각도 못하고…. 그만큼 '청하(請霞)'는 내 맘에 쏙 들었다.

내 수필집을 받은 지인이 전화를 했다. '이정희'보다 '청하'가 훨씬 좋단다. 사람 맘이란 게 참 요상하다. 호가 이름보다 좋다는 지인의 말을 듣는 순간에 부모님과 할아버지의 모습이 떠올랐다. 괜히 죄송했다. 난 어렸을 때부터 내 이름 '이정희'를 좋아했는데….

또, 젊은 시절엔 나를 예뻐해 주신 교장선생님께서 '원더우먼'이란 별명을 붙여주셨다. 원더우먼은 아이들을 위한 드라마의 여주인공으로 왕관을 썼고 황금벨트를 찼다. 사람들은 배트맨, 슈퍼맨, 스파이더맨, 헐크 등 이름난 슈퍼 히어로들을 기억하고 있다. 그런가하면 빼어난 외모와 몸매에 투명 비행기, 황금 밧줄, 총알을 막아내는 세계 최강의 여인인 원더우먼(Wonder Woman)이 있다.

미국 DC코믹스의 만화를 원작으로 한 원더우먼은 1975년부터 1979년 9월 11일까지 4년 동안 우리나라에서 인기리에 방송된 미국 드라마다. 슈퍼히로인 린다카터가 원더우먼역을 맡았는데, 여자인 내가 봐도 아름답고 매력적이었다. TV화면에서 종횡무진 활약하는 원더우먼은 절대 죽지를 않는다. 원더우먼의 양 팔에 찬 팔찌는 그리스 신 제우스의 방패인 이지스(Aegis)로 만들었기 때문이다. 머리에 쓴 황금관은 벗어서 던지면 부메랑처럼 적을 공격할 수 있는 마법무기이며, 귀걸이는 산소가 없는 곳에서 숨을 쉴 수 있게 해준다. 황금벨트는 벗겨지면 힘이 일반 여성 수준으로 약해지기 때문에 원더우먼이 가진 힘의 원천이라 할 수 있다.

교장선생님께서 아주 멋진 별명을 주셔서 한동안 나는 원더우먼으로 살았다. 잠시나마 40여 년 전으로 돌아가서 그때를 그리워해 본다.

그런가하면 워킹여행클럽에서 나는 '타니코리님'으로 불린다. 여행클럽에 회원가입을 할 때, 닉네임란에 반려견 타니와 코리를 생각하고 '타니, 코리'라고 적었기 때문이다. 이 클럽에서는 모든 회원들을 본명 대신 닉네임으로 부른다는 것을 전혀 몰랐다. 회원들은 내 닉네임인 '타니, 코리'의 뜻을 궁금해 했다. 지금은 타니와 코리가 나의 반려견 이름인 것을 회원들은 다 안다. 타니와 코리가 내 덕분에 녀석들 이름 뒤에 '님'자가 붙어서 좋아하지 않을까. 아니, 녀석들이 있어서 예쁜 닉네임을 갖게 되었으니 내가 더 고마워해야 할 것 같다.

또 있다. 윤정사(寺) 모심불교대학에서 기초교육과정을 이수하고 받은 불명(佛名)은 '자비성(慈悲性)'이다. 스님께서 지어주신 불명 또한 나는 사랑한다. 자비성(慈悲性), 이 얼마나 멋진 불명인가.

그러고 보니 내 닉네임에도 변천사가 있었다. 할아버지께서 지어주신 예쁜 이름도 갖고, 또 멋지고 귀여운 닉네임도 가질 수 있어서 나는 정말 행복하다. 앞으로 또 어떤 닉네임으로 불리어질까 기대가 된다.

닉네임은 그림자다. 나의 겉과 속을 비추는 솔직하고도 정직한 그림자. 그러니 앞으로는 보다 투명하게, 보다 나답게 살아야할 텐데….

2.
일체유심조

일체유심조

학습관에 가기 위해 집을 나섰다. 길가에 노란 은행잎이 떨어져 뒹굴고 있다. 혼자 뒹구는 것이 아니라 사람들의 발길질에 몸서리치는 것같이 보였다. 차 안에서는 M씨가 부른 '나의 노래'가 흘러 나왔다.

    샛노란 은행잎이 가엾이 진다해도
    정말로 당신께선 철없이 울긴가요
    새빨간 단풍잎이 강물에 흐른다고
    정말로 못견디게 서러워 하긴가요.

즐겨듣는 노래가 오늘따라 노랫말과 곡조(曲調)가 애절하게 느껴져 내 마음까지 슬퍼진다. 은행잎처럼 나도 바람에 날리어 방향을 잃어버리면 어쩌나. 나이를 의식하지 않고 스스로 젊다고 생각했는데, 갑자기 힘이 빠지며 우울해졌다. 나도 나무에서 떨어진 은행잎같이 삶의 인연이 다하면 지수화풍으로 돌아가겠지. 그동안 애써 외면했던 먼저 간 남편과 딸 생각이 가슴 속 깊은 곳에서 솟아오른다. 눈가에 흐르는 눈물을 손등으로 닦고 고개를 들었다. 전면(前面)에 보이는 빌라의 담장에 빨간 덩굴장미가 요염하게 피어있는 것이 아닌가.

잘못 보았나 하고 눈을 크게 뜨고 창문을 내리고 옆을 보았다. 철망 울타리를 가득 메우고 있는 것은 분명히 새빨간 색의 덩굴장미다. 우리 아파트 담장의 덩굴장미는 5, 6월에 피고, 한여름 내내 울타리를 장식해서 오가는 사람들의 마음까지 아름답게 했다. 하지만 지금은 꽃은 한 송이도 없고 잎사귀만 철망을 감싸고 있다. 지금은 분명 11월이다. 5월의 여왕인 장미꽃의 등장에 우울했던 마음을 애써 주슬러본다.

기분을 전환시키려고 CD를 바꾸었다. 이번엔 'C씨의 행복해요'가 스피커를 통해서 나온다.

  숨 쉴 수 있어서 바라볼 수 있어서
  만질 수가 있어서 정말 행복해요
  죽은 이의 그토록 바라던 소원은
  숨 쉬는 오늘이 바라던 내일이죠.

가사를 들어보면 난 얼마나 행복한 사람인가를 알 수 있다.

'살아있는 오늘이 죽은 이의 내일'이라는 노랫말이 가슴을 두드렸다. 요즈음은 100세 시대라고 한다. 나도 욕심을 내본다. 앞으로 10년, 20년, 30년….

일체유심조(一切唯心造)란 말이 생각난다. 일체유심조는 화엄경의 핵심사상인데, '세상사 모든 일은 마음먹기에 달려있다'는 뜻이다. 낙엽이 되어 남모르게 사라지는 신세라 슬펐는데, 덩굴장미꽃을 보고 우울했던 마음이 감사하는 마음으로 바뀌었다. 우린 흔히 변덕이 심한 사람을 손바닥을 뒤집듯 한다고 한다. 지금의 내가 그렇다. 바람에 날리는 은행잎을 보고 땅 밑으로 가라앉을 것 같았는데, 덩굴장미꽃에 삶의 의미를 되새기고 있으니.

화원(花園)에서는 사시사철 장미꽃은 물론 갖가지 아름다운 꽃을 볼 수 있다. 관상용인 덩굴장미는 원래는 5, 6월에 꽃이 피는데, 품종이 개량되어 4계절 피는 것을 내가 몰랐을 뿐이다. 장미꽃은 봄과 여름에 핀다고 생각한 것은 나의 고정관념이다.

꽃은 우리 집에서도 볼 수 있다. 매일 아침에 자리에서 일어나면 나는 곧장 거실로 나와서 꽃병속의 예쁜 꽃에게 인사를 한다. 향기도 맡고 시든 잎은 조심스레 손으로 따준다. 물도 자주 갈아준다. 내 마음을 알고 있다는 듯, 꽃은 거실분위기를 한층 우아하고 아름답게 해준다.

올여름은 유례(類例)없는 폭염으로 유난히 더웠다. 열대야 때문에 잠이 안 오는지 수박을 사 들고 작은아들네 식구들이 우리 집에 놀러왔다. 작은아들이 묻는다. "웬 꽃이예요?" 난 무심코 대답했다. "내가 샀지." 하고. 그러자 아들은 목소리 톤을 높여서 "정말 엄마가 이 꽃을 사셨어요?" 하며 놀란다. 꽃을 샀다는 것은 나의 마음이 밝아지고 있다는 것을 의미함을 아들은 알기 때문이다. 이 날이 오기를 우리 아이들은 얼마나 고대하고 있었을까. 말없이 지켜보고 기다려준 아이들이 고맙다.

그리고 보니 꽃꽂이 했던 때가 언제인지 모르겠다. 꽃을 보면 예쁘다고 생각하면서도 집안을 장식할 생각은 안 했다. 그만큼 내 마음은 피폐(疲弊)했고, 우울했기 때문이다. 그랬던 내가 8월부터 예쁜 꽃을 사서 꽃병에 꽂았고, 꽃을 보면서 즐기고 있다. 남편이 먼저 가고, 딸마저 내 곁을 떠난 후에 꽃꽂이는 물론 꽃을 살 생각을 안 했다. 젊었을 때는 매주 꽃꽂이로 집안을 장식했었는데…. 꽃이 있으니 내 마음이 더욱 밝아지는 것 같다. 아니, 내가 밝아져서 꽃을 사게 된 것은 아닐까. 이유야 어떻든지 나는 꽃이 고맙다.

요즈음 지인한테 자주 듣는 말이 있다. 내 글이 밝아졌단다. 만나는 사람들도 이구동성(異口同聲)으로 내 얼굴이 밝아지고, 내 모습이 씩씩해 보여서 좋다고 한다. 내 마음을 내가 다스리지 못하면 그 누가 나를 이끌어줄 것인가. 이제 모든 것 내려놓고 즐거운 일만 생각하고 오늘도 행복감에 젖어보리라.

> 말할 수도 있어서 들을 수도 있어서
> 사랑할 수 있어서 정말 행복해요
> 살아 있어 행복해 살아 있어 행복해
> 니가 있어 행복해 정말 행복해요

나는 정말 행복하다.
일체유심조, 모든 것은 마음먹기에 달렸으니까.

멋진 남자

  8년 전 이곳 아파트에 입주하면서 알게 된 친구들과 계속 모임을 이어가고 있다. 40세부터 69세(나)까지 연령대가 분포되어 있지만 마음이 잘 통하는 친구들이다. 우리는 가끔 저녁 모임도 갖고, 1년에 한 번은 1일 코스로 장거리 여행을 한다. 올해는 담양 죽녹원과 메타세쿼이아 길, 순창의 강청산으로 여행지를 정했다. 메타세쿼이아 길은 전에 두 번 갔는데, 갈 때마다 새로운 느낌이 들고 분위기까지 달라서 내가 좋아하는 곳이다. 죽녹원과 강청산은 처음 가는 곳이라 어린아이처럼 기대감에 부풀었다.
  총무를 맡은 Y씨의 부군이 우리를 천안 아산역까지 태워주었다. 엊그제부터 내리는 비가 나의 마음을 한층 차분하게 해준다. 서해안 지방엔 가뭄이 심해서 제한 급수를 하고, 식수가 부족하다는 뉴스를 TV를 통해서 알고 있었다. 다른 때 같았으면 나들이 길에 비가 와서 조금은 불편해 했겠지만, 이번에 내린 단비는 정말 고맙다. 가뭄 해갈에는 도움을 주지 못했지만, 모처럼 내린 비는 사람들의 마음까지 푸근하게 했을 것 같다. 차창 밖으로 내리는 비를 보면서 시원하게 쏟아지기를 바랐다.

Y씨가 아들 얘기를 꺼냈다. 고등학생인 Y씨의 아들은 오늘이 여자친구 생일이라고 어제 미역국과 잡채, 불고기, 그리고 특별요리까지 준비했단다. 당연히 엄마와 아빠 생일상도 차려 준다고 하더란다. 그 얘기를 듣는 순간 나는 너무 놀랐다. 세상에! 요즈음은 요섹남(요리하는 섹시한 남자)이 대세라고 하는데, 이렇게 멋진 남자가 있을까. 여자친구를 위해서 요리를 하는 모습을 상상하니 부럽기까지 했다. Y씨에게 아들이 "정말 멋진 남자다!" 하며 찬사를 아끼지 않았다.

나와 우리 가족의 생일은 케이크와 외식, 선물로 대신하고 있었다. 그런데, 직접 미역국과 잡채에 불고기, 거기다 특별메뉴까지…. 깜짝 놀랄 이벤트(event)임에 틀림없었다.

지상파 방송과 케이블방송에서는 '요리코너'를 만들어 이름난 셰프(chef)와 같이 음식을 만들어 보기도 하고, 만든 음식을 시식한 후 맛을 평가한다. 유명한 요리가인 P씨가 사용한 재료는 방송이 끝나자마자 품귀(品貴)현상까지 일어난다고 한다. 그만큼 사람들은 먹을거리에 관심을 갖고 있으며, 요리를 잘하고 싶은 욕망을 갖고 있다.

　내 주위의 사람들도 요리하는 것이 재미있고, 힘도 들지 않는다고 한다. 그와는 반대로 나는 요리하는 것이 가장 어렵다. 다듬고 씻고 하는 과정이 힘에 부친다. 있는 솜씨, 없는 솜씨를 다 부려서 상차림을 하고 나면 나는 그만 기운이 없어서 밥을 먹을 수가 없다. 그만큼 요리는 힘들고 벅찬 일이다. 지금은 나 혼자 먹는 상차림(?)이라서 이것저것 장만할 필요도 없다.

　내가 물었다. "아니, 어떻게 아들이 요리를 해요?" 하고. Y씨의 아들은 학교에서 배운다고 했다. 내 경험으로는 아무리 학교에서 가르쳐도 본인이 받아들이지 못하면 소용이 없다. Y씨의 아들은 요리에 남다른 관심과 취미까지 있는 것이 분명하다. 한마디로 멋진 남자의 요건을 갖춘 것이다. 그런 아들을 가진 Y씨가 더 부럽다.

　나의 두 아들은 이런 엄마의 소원을 전혀 눈치도 못 채고 있다. 소박한 엄마의 소원이 '생일날의 미역국'이라는 걸.

　TV에선 오늘도 멋진 남자들의 요리경연이 펼쳐지고 있다. 하얀 가운이 잘 어울리는 셰프와 앞치마를 두른 모습이 귀엽기(?)까지 한 출연자들이 오늘따라 더 멋져 보이는 건 왜일까.

국제시장

　오늘은 일요일. 그동안 소홀히 했던 글도 쓰고, 마음껏 자유를 누려 보리라 마음먹었다. 오늘따라 시원한 바람이 창문을 통해 들어왔다. 계절의 변화에 또 한 번 놀랐다. 34~35℃를 오르던 날씨가 '처서' 다음 날부터 아침과 저녁에 선선해지기 시작했다. 정말 오묘한 자연의 섭리다. 오늘도 자연에 순응하며 겸손하게 하루를 시작하려고 한다. 전에 큰아들이 영화 '국제시장'을 보라고 했던 것이 생각났다. 집에서도 보고 싶은 영화를 고를 수 있으니 정말 편하다. 광고가 끝나고 영화 국제시장이 상영되었다. 첫 장면부터 나는 긴장했다. 줄거리는 이미 알고 있었지만, 영화를 보면서 또 울고 말았다. 주인공이 불쌍해서다.

1950년 12월. 강추위에 수많은 사람들이 흥남에서 부산으로 가는 배를 타려고 몰려들었다. 큰 배에 매달린 굵은 고드름은 그 시절의 추위를 여실히 말해주고 있었다. 주인공이 여동생을 놓치고 울부짖는다. 아버지는 그 딸을 찾기 위해 가족과 헤어지면서 아들에게 말했다. "시방부터 네가 가장이니까 가족을 잘 지켜야한다."라고. 주인공은 아버지의 그 말씀을 지키기 위해 평생을 희생하였다. 51년 부산 국제시장. 초콜릿을 얻기 위해 미군 트럭을 따라다니는 어린아이들의 모습이 너무나 안쓰러워서 손에 땀이 났다.

나는 3살 되던 해에 6·25사변이 터졌고, 더군다나 피난도 안 갔기에 전쟁의 아픔을 모르고 살았다. 영화를 보면서 또 한 번 느꼈다. 주인공이 동생을 잃고, 아버지와 헤어져 피눈물을 흘릴 때 나는 따뜻한 엄마 품에서 세상 물정 모르고 잠들어 있었을 것 같다. 아니면, 무럭무럭 잘 자라주기만을 바라는 부모님의 사랑에 대한 답으로 천진난만하게 웃고 있지 않았을까. 그래서 더 미안했고, 더욱 뜨거운 눈물을 흘렸다. 주인공은 가족을 위해서 서독 광부로, 베트남 기술자로 파견되었다. 생사(生死)를 넘나드는 생활이었다. 그렇지만 단 한 번도 내색을 안 했다. 오로지 아버지와의 약속을 지키기 위해서 한 목숨을 내어 놓았다고 해도 과언이 아니다.

베트남전쟁은 1975년 4월 30일 종전이 되었으며 '월남 무조건 항복'이라는 기사가 신문의 한 지면을 차지했다. 베트남에서 다리를 다친 주인공은 절룩거리면서 아내를 찾아온다. 아니, '꽃분이네'로 돌아왔다. 25년 전에 아버지는 헤어지면서 부산 국제시장의 고모네 가게인 '꽃분이네'를 찾아가라고 하셨다. 그 후 '꽃분이네'는 주인공의 마음의 고향이나 다름없었다.

주인공은 아버지의 그 말을 한시도 잊지 않았다. 그 시대를 살았던 사람들은 말할 것도 없고, 영화를 본 사람들은 모두 터져 나오는 울음을 참기 어려웠을 것 같다. 인지상정(人之常情)이 아닐까. 시선을 TV화면에서 떼지 못했다. 그 와중에도 주인공과 생사고락(生死苦樂)을 같이 하는 친구가 있어서 그나마 안심이 되었다. 얼마나 소중한 친구인가.

1983년 7월, KBS의 이산가족 찾아주기 사업이 국내외로부터 큰 호응을 얻고 있었다. 적십자사가 주관이 되고 정부의 지원 아래 언론기관 등 유관단체의 협조를 통해 민간 차원에서 범국민적으로 추진되었다. 강산(江山)이 세 번 변(變)한 33년 만의 만남이다. 136일간 온 국민을 울렸던, '이산가족 찾기' 생방송에서 들려주던 노래 가사다.

　　　누가 이 사람을 모르시나요. 얌전한 몸매에 빛나는 눈,
　　　고운 마음씨는 달덩이같이 이 세상 끝까지 가겠노라고
　　　나하고 강가에서 맹세를 하던 그 여인을 누가 모르시나요.

실향민들의 가슴을 저미는 노래다. 이 노래를 부른 G씨는 본인 자신이 실향민(전쟁 중에 작곡가인 오빠가 납치된 후 생사를 모른다고 함)이기에 실향민의 아픔을 같이하고 있다. 영화 속의 주인공이 이산가족 찾기 프로에서 여동생을 찾을 때 또 영화관은 눈물바다가 되었으리라. 나 역시 마음 졸이며 그 장면을 놓치지 않았다. 오누이가 부둥켜안고 흐느끼는 모습은 정말 눈물 없이는 볼 수 없는 장면이다. 나는 주인공이 아버지까지 찾기를 바랐지만 그 꿈은 이루어지지 않았다. 애석하고 안타까웠지만 현실은 냉혹했다.

할아버지가 된 주인공은 어린 손녀에게 '굳세어라 금순아!'를 가르쳤다. '가수 1세대'의 대표적인 대중가수인 H씨가 부른 노래다. 식구들이 모두 모인 사리에서 '굳세어라 금순아'를 부르는 손녀의 모습에 웃다가 그만 또 눈물이 났다. 우리 민족의 너무나 아픈 과거가 안타까워서다. 내가 이렇게 따뜻하고 편하게 살고 있는 것은 우리 선조들의 피나는 노력과 끝까지 나라를 지키려는 애국심 때문이라 생각하니 고마움에 머리가 숙여진다.

주인공이 아버지의 사진을 보며 "아버지! 저 이만하면 잘 살았지요. 나, 진짜 힘들었어요." 하며 통곡을 했다. 나도 같이 눈물을 흘렸다. 아마 영화관은 흐느낌으로 가득 찼을 것 같다. 난 생각했다. 생사(生死)를 알 수는 없지만 주인공의 아버지는 또 얼마나 애를 태웠을까. 어디에 계시든지 가족들이 무사하고 행복하기를 오매불망(寤寐不忘) 빌었으리라. 주인공이 죽음의 고비를 넘길 때마다 그의 아버지가 지켜주는 것 같았다. 우리들의 부모님은 자식들만을 위해서 희생하시지 않는가.

 백발의 노부부가 바다를 보며 앉아있다. 옛날을 회상하는 모습이 한 폭의 그림이었다. 주인공인 남편은 아내가 예뻐서 결혼했고, 아내는 남편을 사랑해서 결혼했다고 고백(?)을 한다. 이 얼마나 아름다운 부부인가.
 주인공은 바로 우리들의 아버지였다.

봄인 줄 아나 봐

 밀양 재약산 산행하는 날이다. 11월은 김장철이기도 하고, 친지들의 혼사(婚事)가 많은 달이다. 아산불교산악회는 매달 45인승 버스 2대를 다 채우고도 항상 대기자가 있었다. 이름난 산이나 유명 사찰(寺刹)에 가는 달엔 버스 3대를 운행했나. 하지민 이번 달에는 회원님들이 많이 못 가신다고 했다. 2대를 예약했는데 미리 신청한 사람들도 갑자기 일이 생겨서 취소를 했단다.
 총무님이 얼마나 애를 쓰셨을까 생각하니 걱정도 되고 미안하기도 했다. 나는 이렇게 편하게 가는데 회장님과 사무국장님, 그리고 총무님은 잠을 못 잤을 것 같다. 산행 때마다 매번 그랬듯이, 오늘도 반가운 얼굴이 있어서 환하게 웃으며 인사를 나누었다. 처음 보는 사람들도 여러 명 있다. 그렇지만 오늘 하루 우리들은 같은 회원이면서 법우(法友)다. 『행복으로 가는 길』 저자는 행복은 멀리 있는 것이 아니라 지금 이 순간, 바로 이 자리에 존재한다고 했다. 나 역시 지금 이 순간 행복을 느끼고 있다.

표충사 입구에서 사자평, 천황산 혹은 수미봉 올라가는 길은 5개가 있다. 오늘도 나는 A코스 대열에 섰다. A코스는 표충사 입구 매표에서 흑룡폭포, 층층폭포, 재약산, 매표소로 내려오는 코스로 4시간 걸린다고 했다. B코스는 부담 없이 어느 정도 올라가다가 원점 회귀하면 된다.

올여름, 백두산에 같이 갔던 작은아들은 엄마를 걱정하며 100% 힘을 쓰지 말고 60~70%만 이용(?)하라고 신신당부했었다. 산행 중에 일어난 각종 사건과 사고 소식을 뉴스를 통해 알기도 했지만, 엄마의 안전을 생각해서다. 작은아들이 고마워서 그렇게 하겠다고 약속은 했다. 하지만 습관대로 A코스 대열에 끼고 말았다.

재약산은 능선이 없이 마냥 올라가는 코스였다. 오르막길이라 숨이 차서 빨리 걸을 수가 없다. 나는 걸음을 재촉하는 대신에 숨을 고르며, 뒤도 돌아보고 멋진 경치에 감탄하면서 천천히 걸었다. 잠시 쉬는 동안에 준비해 간 간식도 나누어 먹고, 회원들과 사진도 찍었다. 여유 있게 주변을 살피며, 혼자 사색(?)도 하는 호강을 누렸다.

맑은 하늘빛같이 마음이 기쁘고 즐거워서인지 전혀 힘이 들지 않았다. 낭떠러지의 깊은 골짜기에 고운 단풍과 멀리 평화롭게 보이는 마을을 보면서 탄성도 질렀다. 산은 고운 물감을 뿌린 듯 예쁘게 채색되어 있다. 한 폭의 멋진 명화(名畵)다. 나는 철따라 개성 있게 변하는 산야의 아름다움에 반했고, 따라서 나라 사랑하는 마음도 더욱 커져만 갔다.

등산로 주변엔 키가 큰 진달래나무가 많이 있다. 꽃 몽우리가 보이기에 "진달래가 봄인 줄 착각하고 있나." 하고 나 혼자 속으로 말했다. 말하고 나서 고개를 들었더니 앞의 나무에 진달래꽃 한 송이가 활짝 피어 있었다. "어머나, 진달래꽃이 피었어!" 나도 모르게 큰 소리를 질렀다. 회원들이 폰에 진달래꽃을 담았다. 한 송이의 진달래꽃은 의기양양한 표정이다. 아니! 진달래꽃은 지금이 봄이고, 봄에 꽃이 피는 것은 당연한데 '왜 놀라느냐?'고 묻는 것 같았다. 진달래에게 무어라고 설명해야 하나. 아직 11월이니 더 잠을 자도 된다고 말해줘야 하는데….

4월에 피는 진달래꽃을 겨울의 문턱에서 만난 것도 예사로운 일은 아닌 것 같다. 문득 '세상의 모든 일에는 다 그럴 만한 이유가 있다(Everything happens for a reason)'는 힐링(healing)의 한 줄이 생각난다. 4월에 피어야 할 진달래꽃이 11월에 핀 이유가 궁금했다. 날씨 탓인가, 아니면 봄날을 기다리는 간절한 열망, 그 때문인가. 일단은 마음속에 접어두었다.

주차장 식당에 점심을 예약했기 때문에 시간 맞추어 하산해야 한다. 단체 생활에서 가장 중요한 것은 시간을 잘 지키는 것이다. 조금 내려오니까 계곡에서 시원한 물소리가 들린다. 한겨울을 눈 속에 파묻혀서 얼음으로 지내다가 봄날의 따뜻한 온기를 받아 녹은 물이 흐르는 것 같다. 꼭 봄날을 연상시킨다. 어제 내린 비로 등산로의 낙엽도 땅도 젖어 있었는데, 봄이 되어 자연스레 눈이 녹은 모습이다. 내 맘까지 봄이다. 진달래가 봄인 줄 알고 피었고, 계곡의 물이 얼음(氷)과 눈(雪)에서 벗어났으니 나도 당연히 봄을 즐겨야할 것 같다. 나만 봄이라 착각하는 건 아니었다. 뒤따라오는 회원들이 옆 사람에게 "꼭 봄인 것 같아요."라고 하는 말소리가 들린다.

잠시 생각을 해봤다. 재약산의 진달래와 계곡의 물, 등산로의 낙엽과 땅이 산행하는 모든 이에게 즐거움을 주기 위해서 나름대로 각본을 짠 건 아닌지…. 봄은 희망이다. 특히 나에게 희망을 주려고 오늘 하루, 봄을 연출했는지도 모를 일이다. 희망을 보았으니 행복까지 나를 감싼다. 아까의 궁금증이 풀린 것이다.

사람들은 흔히 11월을 시월과 십이월에 낀 의붓자식 같은 달이라고 한다. 내 마음도 가을과 겨울 문턱에서 땅 속으로 깊이 가라앉는 걸 느끼고 있었다. 그 울적한 마음을 밖으로 표출하지 않고 가슴속에 간직만 했다. 11월을 어느 작가는 괄호나 부록 같고 본문의 각주 같은 달이요, 산과 강에 깊게 쇄골이 드러나는 달이라고 표현했다. 또한, 11월은 땅거미가 가장 잘 어울리는 달이라고 했다.

  하지만 나는 11월을 희망이 가득 찬 달이라고 말하고 싶다. 진달래와 계곡의 물과 낙엽도, 땅도 희망을 노래하고 있지 않은가. 나 또한 우울했던 마음을 훌훌 털어버리고, 환희(歡喜)에 찬 새봄을 간절히 열망하고 있으니….

애견카페

머리를 손질하려고 단골 미용실에 들렀다. 손녀(8살)와 손자(3살)는 이 미용실을 엄청 좋아한다. 미용실 안에 강아지가 4마리나 있기 때문이다. 손녀와 손자도 나만큼이나 강아지를 좋아한다. 털이 복슬복슬한 포메라니언종인 강아지 네 마리는 정말 예쁘다. 또 순해서 손님이 있을 때는 절대 짖지를 않는다. 대신 손님들의 관심과 사랑을 받으려고 갖은 애교를 부린다.

오늘은 녀석들이 보이질 않기에 "애기들 어디 있어요?" 하고 물었더니 "걔들 애견카페 갔어요." 한다. 원장은 네 마리라서 산책시키는 것도 힘들고, 매일 미용실 안에 가두어(?) 놓는 것도 미안했다고 한다. 그런데 새로 생긴 애견카페는 3층에 잔디가 깔려있는 운동장이 있어서 다른 친구들과 어울려 놀 수 있단다. 여름에는 헤엄치며 놀 수 있는 수영장도 있다니 호기심이 생긴다.

전에 TV에서 반려견과 여행을 할 수 있는 펜션을 소개했었다. 애견 전용 풀장에서 친구들과 장난도 치고, 여유롭게 헤엄치는 모습이 많이 부러웠었다. 나의 반려견인 타니와 코리도 데리고 가고 싶어서였다.

올여름에 파마를 하려고 미용실에 들렀는데, 유독 한 마리가 애처롭게 사랑을 갈구하는 눈빛으로 나를 쳐다본다. 가운을 입고 의자에 앉았는데, 두 손은 내 무릎을 짚고 두 발로 서서 내 눈을 응시한다. 그 눈에 반해서 번쩍 안아서 내 무릎에 앉혔다. 강아지는 내가 파마하는 동안 내내 무릎에서 편하게 잠을 잤다. 우리는 아기들이 자는 모습을 천사 같다고 한다. 이 강아지도 정말 천사 같은 모습이었다. 새근새근 숨소리도 예쁘다.

TV 프로인 '동물농장'에 애견 유치원에 다니는 강아지들이 출연했었다. 셔틀버스를 이용하여 유치원에 가고, 선생님의 보호와 지도를 받으며 친구들하고 노는 것이 사람과 똑같았다. 너무 신기하고 재미있어서 혼자 웃던 기억이 난다.

가까운 곳에 애견카페가 생겼다니 내 반려견인 타니도 데리고 가야겠다. 매일 혼자서 외롭게 잠만 자는 타니도 마실(?) 가는 것을 좋아할 것 같다. 애견카페가 좀 더 일찍 생겼더라면 우리 코리도 친구들을 만나서 좋아했을 텐데…. 코리는 성품도 온화하고 배려심도 많아서 친구들한테 인기가 있었을 텐데 아쉽다. 13세에 하늘나라로 간 반려견 코리를 생각하면 미안한 마음이 앞선다. 더 오래 살 수 있는데 내가 잘 보살펴 주지 못해서 일찍 간 것 같아서다. 아들과 며느리는 코리만큼 사랑받은 애도 없을 거라고 나를 위로해준다.

우리 타니는 허리는 길고 다리가 짧은 닥스훈트종이다. 관절이 약한 녀석이 다리에 무리가 와서 못 걸을까봐 난 항상 노심초사다. 녀석 때문에 두 번이나 놀랐기 때문이다. 5년 전과 올 여름에 녀석이 걷지를 못하고 궁둥이를 끌고 다녔다. 다행히 치료가 잘 되어서 지금은 활발하게 잘 걷는다. 동물병원 원장님이 타니의 나이(14세)도 있으니까 산책은 자제하란다. 산책을 유난히도 좋아하는 타니한테는 미안하지만 어쩔 수가 없다.

동네에 애견 카페가 생긴 것은 어쩌면 우리 타니한테 행운인 것 같다. 친구들한테 잘 보이려면 샤워도 시키고 예쁜 옷도 입혀야겠다. 타니는 피부병을 앓고 난 후에 등과 궁둥이의 털이 많이 빠졌다. 자존심이 강한 타니는 친구들에게 그런 모습을 보이고 싶지 않을 것 같아서다.

산책하는 강아지들은 나에게서 타니의 체취를 느끼는 것 같다. 어떤 때는 내가 일부러 강아지들 곁으로 가까이 다가간다. 녀석들이 내 몸에서 타니의 냄새를 찾듯이 킁킁거리는 모습이 귀엽기 때문이다.

애견카페에 갈 생각을 하니까 내가 더 흥분된다. 우리 타니에게 친구들을 소개하고 마음껏 뛰어놀게 해야지. 털이 짧으니 예쁜 리본도 달 수 없고…. 녀석이 남아(男兒)인 것이 천만다행이라고 해야 하나.

사랑하니까

　노래교실 가는 날이다. 꼭 참석하라는 총무의 문자를 확인하고, 노래교실에서 만나자고 답을 보냈다. 오늘도 출석률이 저조했다. 가을걷이에 모두 바쁜가 보다. 82세라는 나이가 믿기지 않는 사모님이 일찍 오셔서 노래를 부르고 계셨다. 지난주에 이어 오늘 두 번째 오셨는데 노래를 정말 잘하셨다. 젊었을 때 음악선생님이셨고, 전공은 피아노라고 했다.
　오늘은 J씨의 '사랑하니까'를 배웠다. 가사가 재미있어서 복사해 준 악보에서 '사랑'이란 단어를 세었다. '사랑'이란 글자가 무려 27번이나 나온다. '사랑'이란 참 좋은 단어다. 사랑은 받는 것이 아니라 주는 것이라고 한다. 줘도줘도 더 주고 싶은 것이 사랑이다.
　노래수업이 거의 끝나갈 즈음에 노신사 한 분이 들어오셨다.

알고 보니 82세 된 사모님의 부군이시다. 그분은 83세이신데 붓글씨도 잘 쓰신다고 옆의 회원이 알려준다. 선생님이 노신사에게 노래를 불러보시라고 했다. 그분은 N씨가 부른 '추풍령'을 아주 멋들어지게 부르셨다.

> 구름도 자고 가는 바람도 쉬어가는
> 추풍령 굽이마다 한 많은 사~연

추풍령은 아이러니컬하게도 백두대간상의 고개 중 가장 낮은 고개(221m)다. 주변의 마을과 도로가 얽혀 있어서 고개라는 느낌이 들지 않는다고 한다. 애달프고 고달픈 인생살이를 표현한 노랫말이 모든 이의 마음을 울리고 있다. 노신사는 가수 N씨가 후배이고 평소에는 '진고개 신사'를 애창한다고 자신을 소개하셨다. 이어서 부부가 '진고개 신사'를 듀엣(duet)으로 부르셨다.
'이게 바로 사랑이다!'란 생각이 들었다. 백 번 말로 사랑을 외치는 것보다 건강하게 둘이 백년해로(百年偕老)하면서 서로 위하고 같이 노래 부르면 그게 사랑이 아니겠는가. 80이 넘으셨으니 두 분은 회혼례(回婚禮)도 치렀을 것 같다. 부러웠다. 부러워하는 내 마음을 눈치 챘는지 옆자리에 앉은 회장이 내 두 손을 꼭 잡아준다. 나를 생각해주는 회장이 정말 고마웠다. 평소에도 가까이에서 격려해주고 보듬어주는 고마운 친구다.

수업이 끝나기 무섭게 집에 왔다. 다른 회원들에게 내 마음을 들킬까 봐서다. 또 마음이 싱숭생숭하다. 가끔은 내 마음을 내가 다스리지 못해서 거실을 서성인다. 올여름엔 마음이 고요하여 완전히 가라앉을 줄 알았다. 그런데 아니다. 슬픔이 멀리 달아난 줄 착각했을 뿐이다. 아니, 아주 멀리 사라져주길 바라고 있었던 거다. 내 마음 저 밑바닥엔 앙금이 그냥 남아 있는 것을 모른 척했을 뿐이다.

'사랑하니까'란 노래는 노부부를 위해서 만든 노래 같았다.

꽃이 제 아무리 곱게 핀다 해도 사랑만은 못 하구나
새가 제 아무리 맑게 노래해도 사랑만은 못 하구나

정말 아름다운 노랫말이다. 제 아무리 아름다운 꽃도, 노래하는 새도 사랑만은 못 하단다. '사랑'이 최고란다. 나도 그런 사랑에 빠져보고 싶다. 흔히 말하는 짝사랑이라도 좋고, 곧고 밝은 그리고 예쁜 사랑을 하고 싶은 거다. 나 자신도 몰랐던 일이다. 나에게도 이런 감정이 남아 있었다는 것을…. 물론 누구든지 사랑은 할 수 있다고 생각한다. 어느 시인(詩人)은 '그대가 곁에 있어도 나는 그대가 그립다'고 했다. 지금 내가 그런 사랑을 하고 싶다.

사랑은 주는 것이라고 한다. 상대방에게 베푼 만큼 되돌려 받으려고 하거나, 내가 좋아하니까 무조건 받아주기를 바란다면 어긋날 수밖에 없다. 노랫말처럼 순수하게 사랑하고, 상대방을 위하고 부담주지 않는다면 그 사랑은 오래도록 지속되지 않을까.

사랑하니까 사랑하니까 사랑하니까 좋구나
모든 것을 다 주어도 아까울 것이 없구나

사랑은 혼자이거나 둘이 하거나 여럿이 해도, 그 사랑은 영원한 것 아니겠는가.

동행(同行)

　'동행(同行)'은 길을 같이 감, 같이 길을 가는 사람을 뜻한다. KBS1에서 가족의 질병이나 파산, 실직 등으로 한순간 벼랑 끝에 몰린 우리 이웃들의 이야기를 방영했다. 끝없이 노력하고 발버둥을 쳐봐도 좀처럼 헤어날 길은 보이지 않는다. 하지만 가족이 있기에 오늘도 희망의 끈을 놓을 수 없다. 동행이다. KBS1 아름다운 동행의 관련 프로그램은 '인간극장'·'현장 르포 동행'·'사랑의 가족' 등이 있고, 바자회 등의 아름다운 나눔 행사도 있다.

　'동행(同行)은 동행(同幸)'이다. 해서, 동행은 아름다운 것이다. 아니, 적어도 나한테는 동행이야말로 행복한 삶이라 생각된다. 또, 동행은 사랑이다. 나는 언제부터인지 확실치는 않지만 동행을 마음 속 깊이 그리워하고 있다. 사랑보다 더 좋은 인간관계는 없다는 생각이 든다. 불우한 이웃에게 조금이라도 도움을 주기 위해서 '아름다운 동행' 캠페인도 벌인다.

불교방송 BTN에서도 '아름다운 동행'이란 나눔 행사를 하고 있다. 오늘 아침 뉴스에서 저소득층 이웃에게 연탄을 보시했다고 한다. '아름다운 동행'은 모두가 행복한 세상을 만들기 위해 2008년 대한불교조계종에서 설립한 모금기관이다. 그 설립 목적은 올바른 나눔 문화를 정착시켜 무소유의 행복을 전하고, 소외되고 어려운 계층에 공정한 배분을 실천하여 풍요로운 세상을 만들고자 하는 것이다. 이 나눔의 인연, 아름다운 동행이 희망과 행복을 지구촌 곳곳에 감동으로 나누고 있다.

누가 나와 같이 함께 울어줄 사람 있나요
누가 나와 같이 함께 따뜻한 동행이 될까

가수 C씨가 부른 동행의 노랫말이다. 같이 할 사람을 그리워하고 기다리는 그 마음이 내 가슴을 후벼 판다. 사랑하는 사람과 동행을 한다면 혹독한 추위도 피해갈 것 같다.

금년 5월 16일 광화문에서 세계간화선(世界看話禪) 무차대회(無遮大會)가 있었다. 간화선(看話禪)이란 화두를 근본으로 참선하는 것이고, 무차(無遮)란 말 그대로 차별이 없는 것이다. 세계의 모든 사람들이 차별이 없는 동등하다는 것을 증명하는 자리다. '미혹하면 중생이요, 밝아 있으면 부처라. 누구든지 깨달으면 마음이 곧 부처요, 사람이 곧 부처니라'란 법문을 펼치는 자리다. 생전 처음 보는 간화선 무차대회다. 부처님 말씀대로 공존과 상생, 합심을 하고 물과 우유처럼 섞여서 살아야 하는데…. 자신만의 고집을 내려놓고 주위를 살피는 너그러운 마음을 가져야겠다.

종정예하 진제스님께서 광복 70주년 세계 간화선 무차대회에서 한반도 평화를 염원하는 통일선언문도 낭독했다. 외국에서 오신 대덕스님들과 31만 명의 신도들이 운집했다. 대지진으로 수많은 사상자를 낸 네팔국민을 돕기 위한 ARS모금에 나도 참여했다. 광화문 광장에 대형 스크린을 설치했는데, 우리가 앉은 곳에서는 화면이 잘 안 보였다. 더군다나 단상은 너무 멀리 있어서 법문하시는 스님을 뵐 수 없었다. 마이크를 통하여 전달하는 말소리도 제대로 들릴 리가 없다.

그래도 마음만은 평화롭고 고요하다. 이런 내가 신기했다. 나만이 아니라 어느 누구도 불평이나 짜증을 내는 사람이 없다. 스님의 말씀이 안 들리면 안 들리는 대로, 또 스님의 모습이 안 보여도 그저 여여(如如)하다. 1회용 방석에 앉아서 주변에 모인 신도들을 살펴보았다. 하나같이 고운 얼굴들이다. 아니, 부처의 모습이다.

스크린엔 동자스님들의 티 없이 맑은 표정과 장난치는 모습이 비쳤다. 웃음이 절로 나오며 나까지 순진무구한 어린이가 된다. 정말 오랜만에 느껴보는 순수함이다. 누구나 법문을 들을 수 있는 기회를 가졌다. 마음의 복을 짓기 위해서 보시(布施)도 한다. 보시는 남을 위하는 것이 아니라 나를 위해서 하는 것이다. 대승불교의 실천수행 방법 가운데 하나로, 베푸는 일을 말한다. 곧, 중생의 구제를 그 목표로 하고 있는 이타정신(利他精神)의 극치다. 동행(同行)이다. 같이 움직이고, 같이 공부하고, 함께 느끼는 것이다.

11월 하순인데도 유난히 따뜻한 날씨라서, 만물이 소생하는 봄이라 착각하고 있었다. 한낮은 더워서 코트를 벗어야 했다. 그런데 오늘은 기온이 갑자기 영하로 내려갔다. 선혀 예측하지 못했기에 체감온도가 더 내려갔는지도 모른다. 밤새 눈이 내렸고, 지금도 계속 하얀 눈이 소리 없이 내린다. 첫눈치고는 정말 많은 양이다. 오늘 노래교실에선 노래자랑도 하고, 각자 가져 온 선물도 교환하기로 일정이 잡혔었다. 점심회식도 예약되었는데, 폭설로 인하여 다음 주로 미루어졌다. 내친김에 학습관도 결석하기로 마음먹었다. 길이 미끄러울 것 같아서다.

예전에 어떤 아이가 하얀 눈이 내리는 것을 보고 "저 눈이 모두 흰쌀이었으면…." 했다는 얘기가 문득 생각났다. 그 아이는 흰쌀밥이 얼마나 먹고 싶었고 그리웠을까. 이럴 때 필요한 것이 동행이다. 우린 흔히 '십시일반(十匙一飯)'이란 말을 한다. 열 사람이 한 술씩 보태면 한 사람 먹을 분량(分量)이 된다는 뜻으로, 여러 사람이 힘을 합(合)하면 한 사람을 돕기는 쉽다는 뜻이다.

　동행(同行)을 생활화하면 동행(同幸)할 수 있는데….

　　누가 나와 같이 함께 울어줄 사람 있나요
　　누가 나와 같이 함께 따뜻한 동행이 될까.

곱게 늙으셨네요

　지난가을에 검정콩을 비닐봉지에 넣어서 거실 끝에 놓았다. 모처럼 뻥튀기를 하려고 마음먹었기 때문이다. 나는 외출할 때 지참할 준비물을 잘 잊어버린다. 그래서 나만의 방법을 택하고 있다. 생각날 때 챙겨서 구두 신는 곳에 놓아두면 나갈 때 잊지 않는다. 작은아들네에 가져갈 것도 매번 이런 방법을 이용하고 있다.
　노래교실 회원이 서리태 콩을 사라고 했다. 8kg에 8만원이란다. 나는 두 아들네에 나누어 주려고 8kg을 샀다. 작은아들네는 주었는데, 큰아들이 바빠서 한동안 내려오지 않아서 콩을 주지 못했다. 그런데 학습관에서 같이 공부하는 지인이 서리태 콩을 또 사라고 한다. 거절 못하는 나는 또 4kg을 샀다. 갑자기 콩 부자가 되었다. 손자와 손녀한테 검은 콩을 먹어야 흰 머리가 안 생긴다고 했다. 나는 어릴 때 콩을 안 먹었으면서 손자와 손녀에게 콩을 먹이려고 별 방법을 다 쓰고 있다.

　콩을 소비해야 하는데, 밥할 때 쌀과 콩의 비율을 바꿀 수는 없고…. 제주도 산행 때 같은 방을 쓴 회원이 콩을 튀겨 먹으면 좋다고 했던 기억이 났다. 그래서 뻥튀기를 하는 집을 찾게 된 것이다. 예전에 뻥튀기 간판을 본 적이 있기에 금방 찾을 수가 있었다. 난 나름대로 적당량을 갖고 갔는데 양이 적으니 집에 가서 더 가져오라고 했다. 집이 멀다고 하니 그러면 다음에 오란다. 이런 낭패가….

　어떻게 해야 하나 망설이고 있으니 근처 쌀가게에 가서 콩을 1kg을 사오란다. 알려준 대로 쌀가게를 찾아서 검은 콩을 1kg을 샀다. 집에 콩이 많아서 콩을 소비하려고 뻥튀기를 하러 왔는데 또 콩을 샀다. 뻥튀기 집에는 사람들이 많아서 한참을 기다려야 했다. 강냉이와 쌀만 튀기는 줄 알았는데 다른 사람들은 무 말린 것, 둥굴레 말린 것, 버섯 말린 것들을 가져왔다. 땅콩도 있고 물론 서리태 콩도 있었다. 83세라는 뻥튀기 할아버지는 아주 정정하셨고, 할아버지의 며느리는 상냥하고 예뻤다. 시아버지와 며느리가 아닌 친정아버지와 딸 같았다.

　두 사람의 다정한 모습을 보고 있는 나까지 동화되어 나도 모르게 미소를 지었다. 사람들은 할아버지께 튀길 것을 맡기고 다른 볼일을 보러 갔다. 난 다른 볼일이 없어서 난로 옆에서 기다렸다. 오가는 사람들도 보고 그들이 하는 대화에 끼기도 하면서 지루함을 달랬다.

할아버지가 나보고 "아주머니, 참 곱게 늙으셨네요." 하셨다. 그 소리가 쑥스럽고 조금은 부끄럽기도 했다. "고맙습니다!" 하고 대답은 했는데, 나도 모르게 얼굴이 달아올랐다. 나보다 한참 위인 분이 '아주머니'라 하시니 어색해서다. 그분의 며느리도 나보고 예쁘다고 했다. 물론 그냥 하는 소리인 줄 알면서도 기분은 나쁘지 않았다. 아니, 좋았다. 속으로 '다음엔 쌀도 가지고 와야지.' 했다. 며칠 후에 뻥튀기 집에 가려고 쌀을 비닐봉지에 담았다. 콩을 튀길 때 쌀은 얼마나 가져오면 되느냐고 물었었다. 분명히 2kg 가져오라고 했기에 체중계에 달아서 2kg을 가져갔다.

그날따라 나보다 먼저 온 사람들이 많았다. 뻥튀기 통 속에 들어갈 재료들이 일렬로 줄을 지어 서 있었다. 이번에도 할아버지는 나에게 쌀을 적게 가져왔다고 하신다. 할아버지네 뻥튀기 기계는 통이 커서 어느 정도는 많이 넣어도 상관없다 했다. 나온 김에 뻥튀기 기계로 땅콩도 볶으려고, 시장에 가서 생 땅콩을 두 봉지 사왔다. 어느새 가게엔 할아버지의 며느리도 나와 있었다. 반갑게 인사를 나누고 또 난로 앞에 자리 잡고 앉았다. 어떤 아주머니는 쌀을 정말 많이 가져왔다. 그 아주머니는 뻥튀기의 통이 크다는 것을 이미 알고 있었던 거다. 할아버지가 나보고 다음엔 쌀을 많이 가져오라고 하셨다.

뻥튀기는 옛날엔 풍구를 손으로 돌려 튀겼는데 지금은 아니다. 할아버지는 그냥 앉아계시기만 한다. 시간만 정확하게 재는 것 같았다. 어렸을 때 장날에 뻥튀기 아저씨가 오면 집집마다 쌀과 옥수수 말린 것을 가지고 나왔다. 그 옛날, 뻥튀기 아저씨는 어린이들에게 가장 인기가 있었다. 뻥튀기 아저씨 근처엔 항상 사람들이 줄 서 있었다. 아저씨가 풍구를 돌리던 손을 멈추고 자리에서 일어서면, 우린 일제히 손으로 귀를 막았다. 이윽고 '펑' 소리에 아이들은 우르르 검은 망 옆으로 다가갔다. 쌀은 몇 배로 부풀어서 큰 함지박을 가득 채웠다. 어릴 때의 추억도 즐기고 예쁘다는 소리를 또 듣기 위해서라도, 이곳에 자주 들러야 될 것 같다. 뻥튀기에 무슨 재미라도 들린 것 같아서 혼자 웃었다.

지난달에도 땅콩을 볶으러 또 뻥튀기가게를 찾았다. 꼭 1년 만이다. 며느리는 안 보이고 할아버지께서는 놀러 오신 친구와 얘기를 나누고 계셨다. 할아버지께서 나를 보고 "참 곱게 늙으셨네요." 하신다. 난 웃으며 "작년에도 저보고 곱게 늙었다고 똑같은 말씀하셨어요." 했다. 할아버지는 기억이 안 나신단다. 할아버지와 친구 분의 일상적인 대화마저 이곳에선 구수하게 들렸다. 할아버지가 볶아주신 땅콩을 두 아들네와 내 몫까지 셋으로 나누었다. 땅콩을 좋아하는 나는 며칠 만에 다 먹어버렸다.

이번엔 쌀, 콩, 땅콩을 넉넉하게 챙겨서 뻥튀기 할아버지를 만나러 갔다. 그런데 뜻하지 않은 일이 생겼다. 정말 한 치 앞도 못 본다는 말이 실감났다. 주차하기가 어려운 곳이라서 뻥튀기 가게 근처의 세탁소 앞에 주차를 했다. 세탁소 주인아저씨께 뻥튀기 집에 다녀와도 되느냐고 양해를 구했다. 그런데 주인아저씨가 "뻥튀기 할아버지 돌아가셨어요." 한다. 나도 모르게 "할아버지께서 돌아가셨다고요? 언제요?" 했다. 덧붙여 "얼마 전에도 왔었는데요." 하고 믿기지 않는 표정을 지었다. "돌아가시 지 1주일 되었어요." 한다. 너무 어이가 없었다. 혼잣말로 "정정하셨는데…." 하고는 되돌아섰다.

어른들께 "밤새 안녕하셨느냐?"고 묻는 것은 갑자기 무슨 일이 생길지도 모르기 때문이라고 한다. 그렇지만 할아버지께서는 아주 건강하셨다. 내가 보기엔 앞으로도 10년은 더 사실 것 같았는데…. 준비해간 재료를 꺼내지도 못하고 그냥 차에 싣고 집으로 돌아왔다.

난 쌀이나 강냉이 뻥튀기보다 볶은 땅콩을 좋아한다. 땅콩을 마트나 시장에서도 가끔 사먹지만 뻥튀기 할아버지가 볶아주신 것이 훨씬 맛이 있었다. 그보다 인사치레였지만 '참, 곱게 늙으셨네요'란 말이 좋았던 것 같다. 앞으로 남은 세월을 할아버지 말씀대로 곱게 늙도록 노력해야겠다.

할아버지의 '말(言) 뻥튀기'는 나의 맘과 몸을 동시에 젊게 만들어 주었다.

부채

내 가방 속엔 필수품으로 꼭 챙기는 것이 있다. 아니, 나갈 때마다 챙기는 수고로움을 덜기 위해서 내가 이용하는 가방마다 한 개씩 보관하고 있다. 부채다! 나는 부채를 좋아한다. 손수 구하기도 하지만, 지인들에게 선물로 받은 것이 여러 개 있다. 그 부채들은 모두 사연이 있다.

지금 사는 곳으로 이사 온 지 8년, 단골로 가는 식당이 있다. 식당 이름은 모든 이에게 친근감을 느끼게 하는 '갈비역'이다. 실내에 어린이가 놀 공간도 있고, 홀(hall)도 넓고 인테리어도 잘 되어 있다. 특히 손자와 손녀가 잘 먹는 갈비가 주 메뉴다.

작년엔 '세월호' 사건으로, 올해는 '메르스' 때문에 경기가 부진한다는 건 익히 알고 있었다. 하지만 이 식당도 문을 닫을 거라고는 생각을 못했다. 공포의 메르스 사태가 일어나기 전,

이른 봄까지만 해도 단체 손님이 많았다. 메르스가 안정되었다는 말에 우리 식구는 다시 갈비역을 찾았는데, 전과는 다르게 홀이 쓸쓸한 느낌이 들었다. 넓은 홀에 손님은 우리 식구뿐이었지만, 좀 이른 시간이라 그런가보다 하고 대수롭지 않게 생각했었는데…. 8월 말까지만 영업을 하고 가게를 접는단다.

계산을 하고 나오려니까 사모님께서 부채를 하나 내미신다. 사모님이 손수 부채에 그림을 그린 거란다. 예전에는 부채에 그림을 그려서 지인들에게 선물을 많이 했단다. 이 부채는 사모님이 사용하던 건데, 부채를 펼 때마다 당신을 생각해 달라고 했다.

부채는 한자로는 '선자(扇子)'라고 하며 '부치는 채를 줄인 말이다. 부채는 방구 부채와 접부채가 있다. 방구 부채란 부채 살에 깁(紗)이나 비단 또는 종이를 붙여 만든 둥근 형의 부채로, 일명 둥근 부채다. 접부채란 접었다 폈다 할 수 있게 부채 살에 종이나 천을 붙여 만든 것이다.

부채는 본래 더위를 쫓는데 쓰는 생활용품이었으나 점차 의례용 또는 장식용으로도 쓰이게 되었다. 의례용으로는 전통혼례 때 신랑·신부의 얼굴을 가리는 용도로 쓰인 차면용(遮面用)이 있다. 장식용으로는 화가(畵家)와 서가(書家) 등이 부채에 그림이나 시 구절을 써서 집안에 보관했다고 한다. 한국 고전무

용에는 부채를 가지고 춤을 추는 부채춤이 있다. 근래에는 선풍기와 에어컨디셔너에 밀려 부채의 수요는 점점 감소하고 있다. 요즈음엔 관광객을 위한 특산품으로, 또 여유와 멋을 찾는 사람들의 장식품으로 애용되고 있다. 지인들에게 선물해도 손색이 없도록 실크(silk) 천에 고급스럽고 정교하게 그림을 그리고, 나염을 입히기도 하고 직접 색을 칠하는 수작업을 한단다.

올 3월 19일에도 내 부채는 큰 몫을 했다. 충청남도 중등 퇴임 여교장회의가 유성 L호텔에서 있었다. 이날은 34년 만의 4월 말 날씨라고 했다. 전(前) 날은 매우 추웠기에 옷을 든든히 입고 나섰는데 낭패였다. 난 워낙 더위를 타기에 다행히 내복은 안 입었다. 선배님들은 내복까지 입었다면서 갑자기 찾아온 불청객(?)에 곤욕스러워 하셨다.

그날의 일정은 점심식사 후에 '한밭수목원'을 둘러보는 것이었다. 호텔에서 내준 봉고차를 탔는데, 기사님은 에어컨을 켤 생각을 안 했다. 수목원을 걷는데 등에선 땀이 흐르고 햇볕은 따갑다. 난 부채를 꺼내어 얼굴도 가리고 부채질로 더위를 날렸다. 이른 봄이라 그 누구도 양산을 챙긴 분이 없다. 모두가 갑자기 찾아온 더위에 속수무책으로 노출된 상태다. 내 부채가 회심의 미소를 보내는 것 같았다. 아주 큰일을 했다는 듯이 우쭐거리는 것 같아서 나는 웃음이 나왔다.

이렇게 멋있고 쓰임새가 많은 부채를 나는 항상 곁에 두고 지낸다. 바람을 일으켜 더위도 쫓고, 햇볕을 가리는 데 양산대신 사용하고 있다. 옛날부터 부채는 우리 선조들의 품위와 지위를 나타냈다.

작년 가을에 아산불교산악회 임원들과 함께 회주스님을 친견했다. 스님께선 우리들에게 부채를 선물로 주셨다. 달마대사가 그려진 오죽선(烏竹扇)이다. 다른 부채보다 큰 오죽선은 가방 대신 글 쓰는 방의 장식장에 모셔(?) 놓았다. 가끔 꺼내서 시원한 바람을 일으켜 본다. 이 부채는 장식품이다.

또, 나에게는 태극부채가 있다. '충남정신운동 아산시 협의회' 회장님께서 태극부채 3개를 우편으로 보내주셨다. 방구 부채다. 방구 부채는 집에 있을 때 요긴하게 이용하고 있다. 장가계에서 사 온 접부채는 외출할 때 메는 가방의 한 자리를 차지하고 있다. 고등학교 친구가 예쁜 그림을 그려서 선물로 준 접부채는 다른 가방 안에 들어있다. 갈비역 사모님의 따뜻한 마음까지 담긴 부채도 또 다른 가방 안에 넣었다. 학습관에 갈 때 이용하는 책가방에는 태극무늬의 방구 부채가 들어있다. 이렇게 가방마다 부채가 준비물 1호로 대접받고 있다.

추운 겨울에 부채를 부치는 내 모습을 보고 지인들은 의아해하고 놀라기도 한다. 보는 이마다 모두 "선생님은 날씬한데 더위를 타세요?" 하고 묻는다. 더위는 살집이 있는 사람이 더 탄다는 선입견(?) 때문이다. 아마 나만큼 더위를 타는 사람은 많지 않을 것 같다. 어떤 때는 너무 더워서 힘들기도 하지만, 덕분에 선조들이 풍류를 즐기던 모습을 흉내 낼 수 있으니 이것도 큰 복(福)이라 생각하고 있다.

올해 11월은 유난히 따뜻했다. 아침과 저녁은 서늘했지만 한낮의 기온은 10도 이상 높아서 겉옷을 벗어야 했다. 11월 17일 화요일, 신촌 가는 날이다. 강의실에서도, KTX열차 안에서도 나는 접부채를 꺼내어 더위를 쫓는다. 코트를 입고 부채질하는 모습은 확실히 언밸런스(unbalance)지만, 부채는 더위만 식혀주는 것이 아니다. 코트 속에 깊숙이 숨겨진 내 마음의 열기(熱氣)까지도 식혀주는 고마운 벗이다.

배롱나무

　법당에서 예불을 올리다가 밖을 바라보았다. 붉은색의 화려한 꽃을 품은 배롱나무 세 그루가 나를 향해 팔을 벌린다. 나를 감싸 안아주려나 보다. 나도 두 팔을 벌려 포옹했다. 8월에는 학습관이 방학이라 천일기도에 동참하여 지장정근을 하고 있었다.

　배롱나무는 꽃이 오랫동안 피어 있어서 백일홍나무라고 하며, 줄기를 살살 문지르면 희한하게도 가지가 흔들린다. 정말 신기했다. 이 때문에 내가 사는 충청도에선 배롱나무를 간지럼나무라고 한다. 제주도에서는 배롱나무를 간지럼의 방언인 저금을 써서 '저금 타는 낭'이라고도 부른단다. 나무껍질은 연한 붉은 갈색이며 얇은 조각으로 떨어지면서 흰 무늬가 생긴다.

　배롱나무의 꽃말은 여러 가지인데 난 '떠나간 임에 대한 그리움'과 '부귀'가 마음에 든다.

배롱나무는 목백일홍(木百日紅)이며 일명 자미화라고도 한다. 백일홍과 목백일홍인 배롱나무를 혼동하는 사람도 있는데 완전 다르다. 백일홍은 한번 피운 꽃을 오랫동안 유지하지만, 목백일홍은 꽃송이 하나가 열흘 정도 피었다가 지고 한 가지에 매달린 수백 개의 꽃이 하나씩 피었다 지기를 반복해서 백일 동안 핀다. 피어 있는 기간이 길어 백일홍이라고 하나 국화과의 백일홍과 구별하기 위해 목백일홍이라고 한다. 배롱나무의 독특한 이름은 백일홍에서 유래되었다. 여름 내내 붉은 꽃을 피우는 모습이 백일홍과 흡사해 백일홍나무라고 불리던 것이 배기롱 나무를 거쳐 배롱나무로 변화한 것이다.

8월 초에 백두산 천지연을 보기 위해 중국을 다녀왔다. 우리 나라의 50년대를 연상케 하는 시골마을엔 백일홍이 군락을 이루어 피었다. 내가 어렸을 때 우리 집 정원에도 백일홍이 분꽃과 맨드라미와 조화를 이루어 색색이 피었었다. 백일홍은 백일초라고도 한다. 꽃말은 '행복'이다. 백일홍이란 꽃이 100일 동안 붉게 핀다는 뜻이다. 백일홍은 멕시코 원산의 한해살이풀이며 들꽃의 개량종이다.

반면에 배롱나무는 7~9월에 붉은색 또는 흰색으로 피고 가지 끝에 원추꽃차례로 달린다. 원산지는 중국이며 관상용으로 재배한다. 배롱나무줄기의 매끄러움 때문에 여인의 나신을 연상시킨다는 이유로 대갓집 안채에는 금기시되는 수목이다. 그런 배롱나무를 절 마당이나 선비들이 기거하는 곳의 앞마당에는 많이 심었다니 아이러니컬하다. 절 마당에 많이 심는 것은 배롱나무가 껍질을 다 벗어 버리듯 스님들 또한 세속의 때를 벗어버리길 바라는 마음에서란다. 또한 선비들의 기거처(起居處) 앞에 심는 것은 청렴을 상징하기 때문이란다.

배롱나무 꽃에는 슬픈 전설이 있다. 옛날 어느 어촌에 목이 세 개 달린 이무기가 나타나 매년 처녀 한 명씩을 제물로 잡아갔다. 한 장사가 나타나서 제물로 선정된 처녀 대신 그녀의 옷을 갈아입고 제단에 앉아 있다가 이무기가 나타나자 칼로 이무기의 목 두개를 베었다. 처녀는 고마움에 장사와 혼인하기로 마음먹었지만, 장사는 도망간 이무기의 남아 있는 목 하나를 마저 베어온 후에 혼례를 올리자고 약속했다. 성공하면 타고 간 배에 흰 깃발을 달고, 실패하면 붉은 깃발을 달기로 하고 이무기를 찾아 나섰다. 처녀는 백일 동안 정성껏 기도를 올렸다. 백일 후 멀리 배가 오는데 붉은 깃발이 걸려 있었다. 처녀는 실패한 줄 알고 그만 자결했단다. 그 처녀는 안타깝게도 이무기가 죽을 때 내뿜은 붉은 피가 깃발에 묻은 줄 몰랐던 거다. 그 후 처녀의 무덤에서는 붉은 꽃이 피어났는데 그 꽃이 백일 동안 기도를 드린 정성의 꽃, 백일홍이란다.

우리 절(寺) 입구엔 어린 배롱나무가 여러 개 있다. 몇 해만 지나면 우람한 배롱나무로 자랄 것이다. 마음속으로 그 배롱나무를 지켜보기로 했다. 배롱나무가 무럭무럭 자라서 화려한 꽃을 많이 피울수록, 나의 머리카락은 더 하얘지고 얼굴의 주름은 깊어지겠지. 그래도 기다림은 마음을 풍요하게 하고 희망까지 기대할 수 있어서 좋다.

배롱나무는 추위에 약하고 그 열매는 10월에 익는다. 주변 조경으로 많이 심는다. 배롱나무 꽃에는 지혈의 효능이 있어, 한방에서 월경과다·장염·설사 등에 쓰인다. 또 꽃은 그늘에서 말려 차로 마시기도 하고 기름에 튀겨 먹거나 국을 끓여 먹기도 한단다. 잎은 자미엽(紫薇葉), 뿌리는 자미근(紫薇根)이라 하며, 어린이의 백일해와 기침에 효과가 있다. 뿌리는 여성들한테 흔한 병인 방광염, 오줌소태에 특효가 있으며 대하증, 냉증, 불임증에도 도움이 된단다.

나뭇가지를 풍성하게 채운 배롱나무 꽃을 바라보면, 꽃말인 '부귀'가 떠오른다. 풍성한 꽃 앞에선 더위에 지쳐 짜증스러웠던 마음도 절로 너그러워진다.

슬로시티 청산도

아리 아리랑 쓰리 쓰리랑 아라리가 났네
아리랑 음음음 아라리가 났네
문경새재는 웬 고개인고
구부야 구부구부가 눈물이 난다.

꿈결에서 노랫소리가 들린다. 진도 아리랑이다. 쿵쿵 울리는 북소리가 내 가슴을 헤집어 놓는다. 내 마음엔 큰 상처가 났다. 쓰리고 아팠다. 눈을 뜨고도 자리에서 일어나지를 못했다. 꿈인지, 생시인지 구분이 안 되어 머릿속을 정리해 본다.

완도군 청산도를 가기 위해서 4월 11일(금요일) 밤 11시에 버스를 탔다. 난생처음 해 보는 무박여행이다. 우리나라 100경의 하나인 청산도는 2007년 12월 1일 아시아 최초로 슬로시티로 지정되었다.

청산도 주민들이 마을간 이동통로인 길을 나서면 아름다운 풍경에 취해 저절로 발걸음이 느려진다고 하여 슬로길이란 이름이 붙여졌단다. 주변 경치가 얼마나 예쁘면 주민들의 발걸음이 느려졌을까. 또 청산도는 구들장 논으로 이름난 곳이다. 구들장 논은 논바닥에 구들장처럼 넓적하게 생긴 돌을 깔고 그 위에 다시 돌을 채운 후 농사에 필요한 흙을 부어 만들었다. 식량을 구하기 위해 자투리땅도 놀리지 않았던 섬사람들의 근면함을 엿볼 수 있다. 청산도(靑山島)는 하늘과 바다, 그리고 산이 푸른 곳이다.

　청산도는 영화 '서편제'와 드라마 '봄의 왈츠' 촬영지이기도 하다. 마침 우리가 갔을 때 축제기간이라서 '서편제'에서 아버지와 딸이 진도아리랑을 부르며 내려오는 모습을 대역들이 재현하고 있었다. 영화 서편제의 하이라이트는 아버지인 유봉과 송화, 동호 세 식구가 시골 황톳길을 걸어내려 오면서 진도 아리랑을 부르는 대목이다. 멀리서 조금씩 들리던 소리는 차츰 흥겨워지면서 세 사람의 소리가 하나가 되어 나의 심장까지 쿵쿵 뛰게 했다. 서로에 대한 원망이나 미움 없이 노래 속에 자신을 녹이며 덩실덩실 춤추는 장면이 인상적이었다.
　잠깐이지만 예전에 보았던 영화의 한 장면을 떠올려 보았다. 영화 속에서 여주인공의 눈이 멀지 않았다면 아버지와 송화는 어떤 모습으로 우리에게 다가왔을까. 영화를 보면서 같이 아파하고 울었던 기억이 난다. 청산도를 찾은 관광객들은 영화 속 주인공들의 아픔은 모르는지 여럿이 어울려서 덩실덩실 춤을 추며 따라온다. 또 한쪽에선 풍물패가 흥을 돋우고 있었다. 그 중 유독 북소리가 내 가슴을 울렸다. 내 마음 밑바닥에 깔려 있는 한이 되살아나는 것 같았기 때문이다. 솔직히 나도 사람들과 어울려 춤을 추고 싶었다. 기뻐서 추는 춤이 아니라, 나의 한(恨)풀이로….

슬로시티(slow city)는 말 그대로 천천히 발전해 가는 도시라는 뜻이다. 해풍의 피해를 방지하기 위해서 쌓은 옛 돌담길을 걸으면서도 선조들의 지혜를 다시 확인할 수 있었다. 패스트푸드점이나 편의점 하나 없는 척박한 삶을 여유로 승화시켰다고나 할까. 슬로길엔 빨간 느림우체통이 있다. 이곳에 편지를 부치면 정확하게 1년 뒤에 배달이 된다고 한다. 말 그대로 느림의 미학을 추구하는 곳이 청산도다.

풍물놀이도 구경했고, 막걸리의 맛도 보고 파전도 먹었다. 예정대로 트레킹을 끝내고 버스가 있는 곳으로 조금 더 빨리 가기 위해서 대장님을 따라간 지름길이 끊어지고 없었다. 되돌아서 도로로 나가면 시간이 많이 걸린다고 했다. 할 수 없이 높은 언덕을 대장님이 먼저 올라가서 우리들에게 스틱을 잡게 해서 한 사람씩 끌어 올렸다. 또 언덕에서 아래로 내려올 때는 궁둥이를 땅에 대고, 두 손으로 땅을 짚고 조심조심 미끄럼을 타야 했다. 일행 한 분이 'ㅇㅇㅇ의 정글 탐험'이라고 해서 모두 웃었다. 정말 미개척지를 탐험하는 기분이었다. 그보다 아이러니컬하게도 슬로시티에서는 느림을 즐겨야 하는데, 빨리 가기 위해서 둑을 택한 것이 더 재미있었다. 어릴 때 동네 친구들과 산으로 들로 놀러 다니던 기억이 났다. 생각지 않게 좋은 추억을 선물로 받은 느낌이다.

행사기간 중이라 코스별로 구간을 정해서 모두 돌아 본 사람에겐 선물을 주는 이벤트를 하고 있었다. 구간마다 자원봉사자들이 지키고 있어서 도장을 찍어준다고 했다. 우리 일행은 너무나 아름다운 경치에 매료되었기에 스탬프(stamp)나 선물은 관심 밖이었다. 산이 좋고 야생화가 앙증맞고 바닷물의 빛깔이 처연해서 발길 가는 대로 걸음을 옮길 뿐이다.

슬로길을 천천히 걸으면서 경치도 감상하고 이곳 주민들의 생활상도 뒤돌아 봐야 하는데, 나는 평소 걷던 대로 그냥 퀵퀵(quick quick)이다. 우리는 무박 2일 일정이라 오후 4시에 청산도에서 완도로 나가는 배를 탔는데, 그 시간에 들어오는 관광객이 있었다. 아마 그들은 하룻밤을 이곳에서 지내는 1박 2일 일정인가 보다. 아침 8시부터 오후 3시 30분까지 하루 종일 걸었지만 어딘가 미진한 기분이 든다. 다음에는 1박 2일 예정으로 와서 천천히 둘러봐야겠다.

홍보용 안내서를 참고하면 아주 멋진 청산도 여행이 될 것 같다. 벌써 내 마음은 청산도의 유채꽃 앞에서 포즈를 취하고 있다. 슬로시티 청산도에서 유유자적하게 걷는 나를 상상해 본다. 쪽빛 바다와 유채꽃도 천천히 더 천천히 걸어보라고 응원하겠지.

나같이 성격이 급한 사람도 청산도에서 살면 조금은 여유로움이 생길까? 내가 이곳에서 살겠다고 하면 아마 우리 아이들은 대환영일 것 같다. 엄마가 느긋하게 삶을 즐기며 살아가기를 우리 아이들은 바랄 테니까…

  아리 아리랑 쓰리 쓰리랑 아라리가 났네
  아리랑 음음음 아라리가 났네
  청천 하늘엔 잔별도 많고
  우리네 가슴 속엔 사연도 많다.

2인 3각

  2인 3각(二人 三脚)이란 두 사람이 어깨동무를 하고, 안쪽다리를 끈으로 묶어 달리는 경기다. 2인 3각 경기는 두 사람의 협동과 인내심, 배려하는 마음 없이는 앞으로 나갈 수가 없다. 두 사람이 보조를 맞추어 천천히 한 발짝씩 디딤으로써만 나갈 수가 있다. 한 사람이라도 서두른다면 낭패다. 이 경기를 할 때는 팀원 간의 호흡이 가장 중요하다.

  오늘따라 유난히 2인 3각 경기가 생각났다. 오랜만에 서울에서 오신 지인과 현충사 경내를 걸었다. 아산(牙山)하면 누구든지 현충사를 떠올린다. 그만큼 현충사는 우리 아산 사람들에게는 긍지를 갖게 하고 또 아산을 자랑하는데 손색이 없다. 내가 아산을 사랑하는 이유이기도 하다. 아직 은행잎이 녹색 빛을 띠

긴 해도 터널 숲을 보는 것만으로도 풍요로운 가을을 느끼게 한다.

이번엔 좀 더 신경을 써서 천천히 보조를 맞추어 걸으려고 했다. 그런데 마음과는 달리 또 지인보다 한 발짝 앞에 서서 걷고 있었다. 난 미안한 마음이 들어서 웃으며 "끈으로 허리를 묶고 다닐 수도 없고…" 했다. 아무튼 나는 유별나다 할 정도로 빨리 걷는다. 갑자기 초등학교 운동회 때 하던 2인 3각 경기가 떠올랐다.

내가 아무리 빨리 달리고 싶어도 옆의 친구가 도와주지 않으면 속수무책(束手無策)이다. 가끔은 성질이 급한 사람 때문에 파트너가 넘어져서 일어나지를 못하고 질질 끌려가는 진풍경도 볼 수 있었다. 관중들은 소리를 지르기도 하고 폭소를 터뜨렸다. 이런 때는 협동이 최고다. 서로서로 의견을 조율하고 마음까지 화합해야 끝까지 완주할 수 있기 때문이다.

지인과는 지난주 월요일에도 외암리 민속마을을 구경했었다. 천천히 걸으면서 민속마을의 아름다운 돌담도 보고 영암댁, 참판댁, 송화댁의 정원과 전설이 깃들어 있는 은행나무의 자태도 감상했어야 했다. 손님을 맞이하고 또 안내하는 자리인지라 더욱 신경을 써야 했는데도, 난 앞질러서 씩씩(?)하게 걷고 있었으니…. 지인이 나보고 한 템포 늦추어 걸어보라고 하셨다. 오랫동안 혼자 앞만 보고 걸어서 옆 사람과 보조를 맞추기가 어렵다고 변명 아닌 변명을 했다. 지인은 천천히 걷도록 옆에서 도와주겠다고 하셨다.

　10월 8일 토요일, 정읍 구절초 축제를 보려고 새벽부터 부산을 떨었다. 비가 예보되었지만 괘념치 않고 습관대로 승차 시간보다 20분 일찍 도착했다. 버스가 출발했는데 예보대로 비가 내렸다. '이런 때는 예보가 틀려도 괜찮은데' 말하고 속으로 웃었다. 가끔은 이렇게 이기적인 생각도 한다. 다행히 정오부터는 갠다고 했다. 우리 일행은 비옷도 입고, 우산을 쓰고 구절초 테마공원을 걸었다. 하얀 구절초의 매력에 흠뻑 빠졌다. 산 하나가 온통 새하얀 눈밭이다.
　정읍 구절초 축제는 2014년 10월 9일에도 왔었다. 꼭 2년 전이다. 그런데 그때와는 또 다른 느낌이다. 우선 같이 온 사람들이 다르고, 2년 전은 오늘과는 정반대로 전형적인 가을 날씨로 하늘은 맑고 높은 천고마비의 계절이었다.
　그때 같이 왔던 회원은 요즈음 워킹클럽에 나오지를 않는다. 궁금하여 가끔 카톡으로 안부만 묻고 있다. 그분은 사진을 잘 찍기도 하지만 편집도 아주 멋지게 해서 카페에 올렸다. 여행 후기에 사진과 함께 설명까지 일목요연(一目瞭然)하게 올려서 읽는 재미까지 덧붙였기에 개인적으로 고마웠다.
　오늘도 그분이 폰으로 여기저기를 찍고 있는 것 같아서 돌아

보면 다른 사람이다. 아쉬움에 발걸음을 옮기는데, 대장님 목소리가 들린다. 뒤를 돌아보니 "누가 쫓아오나 왜 그렇게 빨리 걸어요." 하신다. 나도 모르게 또 걸음이 빨라졌나 보다. 언제쯤 여유 있게, 천천히 그리고 우아(?)하게 걸을 수 있을까? 아기가 걸음마를 떼듯 다시 배워야할 것 같다.

이제부터라도 한 템포 천천히, 옆 사람과 보조를 맞추도록 노력하리라 마음을 먹었다. 2인 3각하는 자세로 옆 사람과 호흡도 맞추고 천천히 한 발, 한 발 떼어 놓는 연습을 다시 해야겠다.

3.
행복합니다

관매도

 6월 초에 아산불교산악회에서 임원들이 관매도 트레킹을 했다. 관매도(觀梅島)는 전남 진도군 앞바다의 다도해해상국립공원 안에 있는 자그마한 섬이다. 관매도는 우리나라 국립공원 1호 명품마을이다. '걷고 싶은 매화의 섬'이라고도 한다. 청정지역이면서 아름다운 섬으로 알려진 곳이다. 팽목항에는 TV에서 보았던 노란 리본과 새우깡, 초코파이, 학용품이 빛바랜 채 그대로 있었다. 가슴이 아팠다. 영혼들의 왕생극락을 빌어주고, 머리를 들어 바다를 보았다. 검푸른 바다는 침묵하고 있다. 아마 할 말이 너무 많아서 말문이 막혔나 보다.
 관매도는 154개의 섬이 오밀조밀 모여 있는 모습이 위에서 보면 마치 새떼가 앉아있는 것처럼 보인다는 조도(鳥島)면에 있는 작은 섬이다. 농산물로는 고구마와 쌀, 보리, 콩, 유채 등이 생산되며, 근해에서는 멸치와 조기, 민어, 삼치, 농어 등의 물고기와 톳, 미역 등이 많이 난다.

관매도는 다양한 기암절경과 빼어난 풍광으로 감탄이 절로 나오게 하는 아름다운 섬이다. 관매도(觀梅島)란 지명이 생긴 유래 또한 재미있다. 옛날에는 새가 먹이를 물고 가다가 잠깐 쉬어간다는 뜻의 '볼매'로 불리다가 1914년 지명을 한자(漢字)식으로 고칠 때 볼 관(觀)자로 표기하여 관매도가 되었단다. 또, 제주도로 귀양 가던 선비가 관매도 해변(일명: 곰솔해변)에 매화나무가 무성하게 자란 것을 보고 관매도(觀梅島)라 불렀다고도 한다.

매화는 서리와 눈을 두려워하지 아니하고 언 땅 위에 고운 꽃을 피워 맑은 향기를 뿜어낸다. 다른 꽃이 피기 전에 맨 먼저 피어나서 봄소식을 알려준다. 매화는 창연한 고전미가 있고 가장 동양적인 인상을 주는 꽃으로 많은 사람들의 사랑을 받아 왔다. 특히 추위를 이기고 꽃을 피운다 하여 불의에 굴하지 않는 선비정신의 표상으로 여겨져 정원에 심었고, 시나 그림의 소재로도 많이 등장한다. 매화 꽃말은 '기품'과 '품격'이다.

팽목항에서 출발하여 1시간 20분 만에 관매도에 도착했다. 내 눈에는 아름다운 매화꽃대신 사방에 새까만 멍석이 펼쳐져 있는 것처럼 보였다. 길과 논(畓)·밭(田) 뿐이 아니라 집 마당도 시커멓다. 하수구와 차가 다니는 도로도 시커멓다. 가까이 가

보니 톳이다. 이곳 주민들은 톳으로 연봉 1억 5천만 원의 수입을 올린단다. 관매도의 밭은 물론이고 조금이라도 넓은 자리에는 바다에서 건져 올린 갈색의 톳들이 자리를 차지하고 있다. 관매도는 '톳섬'이다. 관매도의 톳은 자연 서식하기도 하지만, 다른 지역의 톳보다 깨끗한 자연환경에서 말리기 때문에 인기가 있다고 한다.

칼슘과 철분이 풍부한 바다의 영양 덩어리인 톳은 해양오염이 없고 무기질이 풍부하며 다이어트 식품으로 각광을 받고 있다. 관매도 앞 바다의 톳을 제일로 꼽는 이유가 바다 암반지역에서 서식하여 쫄깃한 맛이 일품이란다. 톳은 성인병을 예방하고 빈혈에도 좋을 뿐 아니라 변비예방과 노화예방, 골다공증예방 등에 효능이 있다.

해안을 따라 걷기도 하고, 관매도 주민들의 생활이 그대로 느껴지는 마을 돌담길을 돌아보았다. 관매도의 매력을 느끼기 위해 방문하는 사람들의 발길이 끊이지 않는단다. 트레킹 코스는 주민들이 신경을 썼는지 아기자기했다. 쉼터에 마련된 넓은 그네에 부부(夫婦) 회원이 앉아서 포즈를 취했다. 보는 것만으로도 행복감이 전해온다. 부럽기도 했다. 내 맘을 눈치 챈 지인이 나도 그네에 앉으란다. 못 이기는 척 그네에 앉았다. 사진도 찍어준다. 나에게 신경을 써 준 지인이 한없이 고마웠다.

관매도 8경 중 3경에 속하는 꽁돌과 돌묘에 관한 이야기도 재미있다. 옛날 옛적에 하늘나라의 옥황상제가 아끼던 공깃돌을 두 왕자가 지상에 떨어뜨렸다. 이것을 찾기 위해 옥황상제는 하늘장수를 보내지만 그는 벼락바위(하늘 담) 너머 울려 퍼지던 거문고 소리와 선녀들의 아름다운 미모에 반하여 찾았던 꽁돌을 해변 가에 떨어뜨렸다. 그러자 옥황상재는 두 명의 사자를 보내지만, 이들 또한 관매도의 아름다운 풍경에 매혹되어 움직이질 못하니, 진노한 옥황상재는 이 셋을 돌무덤 속에 묻었다고 한다. 해변 한가운데에 덩그러니 자리를 차지한 꽁돌은 성인키의 3~4배 정도로 표면에는 손바닥 모양의 자국이 남아 있다. 과거에는 손가락 지문도 보였다고 한다. 꽁돌 앞에서 인증사진도 찍었다.

일행과 같이 능선을 걸었다. 등산로 주변엔 멍개나무의 열매가 보였다. 빨간 열매가 아닌 조록색의 싱싱한 멍개 열매를 폰에 담았다. 탱글탱글한 모습이 10대의 소년과 소녀를 연상시킨다. 그럼 빨간 멍개는 내 모습일까? 난 예전부터 멍개나무 열매를 좋아했다. 꽃꽂이에도 좋은 재료일 뿐 아니라, 덩굴째 그대로 걸어 두어도 멋이 있기 때문이다. 또, 멍개 잎으로 싼 멍개떡(망개떡이라고도 한다)은 정말 맛이 있다. 입에 넣으면 살살 녹는다. ○여고에 근무할 때, 매년 단오제 행사를 크게 했었다. 작품 전시회도 하고, 예능 발표회도 했었다. 그 행사에 멍개떡을 준비했는데, 선생님들과 내빈들 모두 좋아하셨다. 지금은 추억의 멍개떡이다.

　대신 관매도의 톳이 일품이라기에 지인들에게 나누어 줄 톳과 미역을 여러 개 샀다. 아름다운 관매도에 매화가 활짝 필 때 다시 오고 싶다.

홍도화

　작년 4월 20일(일요일) 워킹여행클럽에서 '금강 벼루길과 홍도화 축제' 트레킹을 간다기에 신청했었다. 4월은 분명 모든 생명들이 기지개를 켜며 일어서는 봄이다. 따뜻한 햇살이 비치고 나무들은 새순을 돋우며, 잔디는 새싹을 틔우는 계절이다. 4월의 푸근한 봄바람이 불고 있지만, 나의 메마른 마음은 매서운 칼바람을 받는 양 추위에 떨고 있었다. 들과 산은 황량해 보였고, 내 몸은 한없이 땅 속으로 가라앉으려고 했다. 정말 참담했다. 눈을 감았다.
　일행 중 한 명이 "와~홍도화다." 했다. 나는 깜짝 놀라서 창밖을 보았다. 길 양쪽에 붉은 홍도화가 화려함을 뽐내고 서 있었다. 아름다운 자태를 지닌 홍도화를 가까이 볼 수 있다는 것만으로도 가슴이 설레었다. 아니, 홍도화가 이렇게 예쁠 줄 몰랐다. 겹꽃은 화려하고 풍성했으며 매혹적이었다. 거기다 홍도 화의 붉은 색이 냉랭한 나의 마음에 뜨거운 불을 지폈다. 나도 모르게 소리를 질렀다. 거기가 바로 무릉도원이었다.

금년 4월 25일(일요일), 홍도화(紅桃花)를 또 보려고 집을 나섰 다. 작년에 아름다운 홍도화에 반했기 때문이다. 아니, 정신을 빼앗겼다는 표현이 맞다. 올해도 어김없이 이른 봄부터 마음앓 이를 하느라 매사에 의욕도 잃었고 희망까지도 저 멀리 날아가 고 있었다. 마음은 피폐했고 뼛속까지 추위를 느꼈다. 딸을 잃 은 아픔과 기억이 해가 갈수록 희석되는 것이 아니라 더욱 진 하게 다가왔기 때문이다.

그 아픔을 안은 채 1년 만에 다시 충남 금산군 남일면의 홍 도화 길을 찾았다. 홍도화의 아름다움과 뜨거움을 또 보고 싶 고 느끼고 싶었다. 마침 '홍도화 축제'가 열리고 있었다. 활짝 만개한 홍도화가 따뜻한 봄 날씨와 어우러져 축제장을 찾은 관 광객들의 마음을 사로잡았다. 지역 농·특산물 판매, 민속놀이 경연, 홍도화길 꽃마차 여행, 먹을거리 장터 등이 부대행사로 운영되고 있었지만, 나는 오로지 꽃구경에 취해 있었다.

우리들이 즐겨먹는 복숭아(peach)는 복숭아나무의 열매다. 거 기에 비해 복사나무의 일종인 홍도화는 꽃을 보기 위해서 관상 용으로 개량된 것이다. 또 홍도화 열매는 술이나 엑기스로 이용되며 기관지에 효능이 있다고 한다. 개복숭아 비슷한 열매는 매실이나 살구 정도의 크기다. 속껍질 안의 열매는 도인(桃仁)이라 하며 약용으로 쓴다. 홍도화는 장미과의 낙엽소교목이며 전체 복사나무의 10% 정도의 적은 비중을 차지하는 희귀한 품종이다. 사람들을 행복하게 해주는 봄의 전령사로 4~5월에 피며 꽃말은 '사랑의 노예'다.

여기 홍도마을은 전국에서 유일하게 홍도화를 주제로 축제를 개최하고 있다. 남일면 신정리는 집단적으로 군락을 이루는 홍도화나무 때문에 홍도마을이 형성되었단다. 꽃잎이 장미처럼 겹겹이 둘러싸여 있다고 해서 만첩홍도화나 남경화라고도 한다.

봄의 서경(敍景)을 노래한 시가에는 흔히 복숭아꽃이 등장한다.

　　비올 낸 꽃이 피너니 바람 부니 꽃이 지누나
　　복사꽃 붉게 핀 날 며칠이나 볼 수 있을까
　　이 모두 복사꽃의 타고난 운명이니
　　바람이 무슨 죄며 비가 무슨 공 있으랴.

대동시선에 실린 이소(李甦)의 '도화(桃花)'다. 대동시선은 1918년 장지연(張志淵)이 편찬한 우리나라 역대 한시선집(漢詩選集)이다.

우리의 인간사를 노래한 시(詩)다. 복사꽃이 바람에 떨어지는 것은 자연의 이치이니 꽃을 피게 한 비(雨)에게 찬사를 보내고,

꽃을 지게 한 바람(風)을 미워할 일이 아니라는 뜻이다. 화무십일홍(花無十日紅)이라고 했던가…. 이 시(詩)는 내 맘을 알고 있다는 듯이 위로를 해준다. 모든 것은 운명이니 마음을 편하게 가져보라는 메시지(message)를 전하는 것 같다.

　내가 유독 홍도화를 그리워하고 기다리는 데에는 이유가 있다. 홍도화의 아름다움과 싱그러운 향기에 취하기도 하지만, 안절부절못하던 내 마음이 활짝 핀 꽃과 함께 가라앉기 때문이다. 내가 생각해도 신기했다. 새싹이 나올 때가 되면 몸과 마음을 추스르지 못할 정도로 춥고 아프다. 그 아픔은 꽃이 활짝 피면 제자리를 찾는다. 홍도화는 겨우내 혹독한 추위를 이기고, 시련을 딛고 일어나 강인한 생명력으로 꽃을 피웠을 것이다. 홍도화의 예쁜 겉모습에 취하기보다는 그 내면을 들여다보면서 많은 것을 알게 되었다. 나도 홍도화를 닮아 좌절하지 않고 굳센 의지로 일어서야겠다.
　잎보다 꽃이 먼저 피어서 사람들을 행복하게 해주는 홍도화다. 내년에도 홍도화 길을 걷고 싶다. 내년 봄엔 화려한 홍도화가 좀 더 일찍 피었으면 좋겠다. 아픈 내 마음이 빨리 가라앉도록….

고객님 당황하셨어요

KBS 개그콘서트의 '황해'라는 코너는 연변 사람이 일반인을 상대로 보이스 피싱을 하는 풍자를 그렸다. 조금은 어리바리한 조선족이 갖은 말로 상대방을 속여서 돈을 뜯어내려고 한다. 하지만 당하는 쪽은 항상 보이스 피싱을 하는 본인이다. 설정은 완전 구식 방법인데 너무나 어이없는 상황이 재미가 있어서 시청자들의 공감을 얻는 것 같다. 일이 잘 안되면 보이스 피싱맨은 "고객님, 당황하셨어요?"라며 자신의 당황한 모습을 상대방에게 떠넘긴다. 그 모습이 폭소를 자아내게 한다. 한참 동안 '황해'라는 코너에 매료되었다.

그런데 그 황당함을 어이없게 내가 겪었다. 12월 19일 토요일에 초등학교 1학년인 손녀의 발레 공연이 있었다. 마침 큰아들네 식구들이 내려와서 온 식구가 손녀의 발레 공연을 보았다.

유치원 어린이부터 고등학생까지 84명이 2시간 동안 멋진 공연을 보여주었다. 나는 아낌없이 박수를 치며 그들을 응원했다. 어린이들은 발레하는 모습이 귀여움을 뛰어넘어 앙증스러웠고, 고등학생들은 마치 발레리나가 된 것처럼 멋진 공연을 펼쳤다. 모두 감추고 있던 끼를 맘껏 발산하듯 잘했고, 출연자들은 하나같이 공주나 요정처럼 예뻤다. 하지만 그 많은 학생들 중에 유독 한 학생이 내 눈에 들어왔다. 그 학생은 외모나 테크닉이 다른 아이들보다 조금은 부족해 보였다. 나만 그렇게 느낀 것일지도 모르는 일이다…

공연이 끝나고 우리는 음식점에서 저녁을 먹기로 했다. 큰아들 승진 축하와 손녀의 발레공연을 축하하기 위해 자리를 마련한 거다. 주문한 음식이 들어오기를 기다리며 이 얘기, 저 얘기 끝에 내가 하지 말아야 할 말을 했다. 작은아들한테 "키 큰애가 다른 애들보다 조금 떨어지는 것 같더라." 했다. 난 정말 무심코 던진 말이었다. 말이 끝나자마자 11살 손자 현우가 "할머니는 우리들에게 다른 사람을 나쁘게 말하면 안 된다고 하시면서, 그렇게 말하시면 어떡해요." 하는 것이 아닌가. 순간 나는 당황했다. "아니, 그 애를 나쁘게 말한 것이 아니라 다른 아이들에 비해서 얼굴이 덜 예뻐 보인다는 소리야." 했다. 내 말에 수긍해주기를 바랐지만, 손자는 "그런 얘기가 아닌 것 같은데요." 한다.

나는 얼마나 당황했는지 말까지 더듬거렸다. 작은아들한테 '나 좀 도와달라!'는 무언(無言)의 사인(sign)을 보냈다. 아들은 나와 비슷한 표정을 지으며, 말하는 대신 나와 손자를 번갈아 본다. 나는 작은아들과 눈이 마주치자 눈을 깜빡거렸다. 작은아들도 아주 난처한 것 같다. 음식을 먹으면서 손자를 쳐다보니 어느새 손자는 훌쩍 커 있었다. 한편으로는 대견했다. 집에 와서 큰아들 내외한테 손자 때문에 당황한 얘기를 했다. 큰아들 내외는 떨어져 앉아서 우리들의 심각한(?) 대화를 듣지 못했다. 덧붙여 "현우가 정말 많이 컸더라." 했다.

오늘은 4살짜리 손녀 때문에 또 말문이 막혔다. 아니, 당황했다는 표현이 맞는다. 연 이틀을 손자와 손녀한테 혼나는(?) 할머니가 되고 말았다. 셋째 주 일요일, 아산불교신악회에서 '구미 금오산' 산행을 했다. 전에는 일찍 신청을 했어도 큰아들네 식구가 온다는 연락을 받으면 취소를 했다. 하지만 이번엔 취소를 할 수 없었다. 지인이 내 권유로 이번 산행에 같이 신청을 했기 때문이다.

그분은 평소에도 금오산 약사암에 꼭 가보고 싶다고 했었다. 나는 지인과 함께 약사암에서 참배를 했다. 어떤 이는 약사암이 바위 옷을 입었다고 표현했다. 바위에 맞추어 절을 지어서 약사암이 흡사 바위 옷을 입은 것 같았다. 자연의 아름다움과 신비함에 놀라고, 조상들의 솜씨에 감탄이 절로 나왔다.

늦게 도착하면 큰아들네 식구를 못 만날 거라 생각했었는데, 다른 날보다 일찍 집에 도착했다. 현관에 들어서니 4살 손녀가 "할머니가 좋아요, 할머니 보고 싶었어요." 한다. 나는 "할머니도 우리 하윤이 보고 싶어서 버스 안에서 막 뛰었어." 했다. 그랬더니 이 꼬마 아가씨가 "할머니는 하윤이가 보고 싶은데, 어떻게 여행을 가셨어요?" 한다. 난 어이가 없어서 큰아들 내외에게 "어제와 오늘, 손자와 손녀한테 계속 당하는구나." 했다. 큰아들 내외는 빙그레 웃고 있다.

틈틈이 큰아들 내외는 손녀 하윤이가 했던 말들을 문자로 보내주었었다. 문자 내용은 어른들이 사용하는 말을 하윤이가 해서 깜짝 놀란다고 했다. 가끔 하윤이가 생각지 않게 아빠를 혼냈다는 황당한(?) 내용도 있었지만 난 '설마' 했었다. 솔직히 '아기가 그 정도로 표현을 잘 할까' 하는 마음이 들었기 때문이다. 그런데 4살 꼬마 아가씨는 정말 말을 잘했다. 아들 내외에게 "요즈음 아이들은 다 그러냐?" 하고 물었다.

어느 시인은 '어린이는 어른의 아버지'란 제목의 시(詩)를 썼다. 시의 내용은 '세 살배기 명은이는 방귀 뽕 뀌고 부끄럽다고 구석으로 가서 두 손으로 얼굴 가리고 선다. 고 조그만 게 부끄럽다고…. 그런데 막상 부끄러워해야 할 어른들은 엉큼만 떤다고 했다.

어른들이 부끄러워해야 할 것이 어찌 방귀뿐일까? '어른은 어린이의 거울'이다. 아이들은 어른들이 하는 것을 보고 그대로 따라한다. 해서, 가장 무서워하고 두려워해야할 상대는 우리들의 아이들이다.

어제와 오늘 난 손자와 손녀에게 한 수(手)를 배웠다. 우리 손자와 손녀 앞에서는 말도, 행동도 각별히 조심해야겠다고 마음속으로 다짐했다.

그리고는 내가 나에게 물었다.
"고객님, 당황하셨어요?"

무소식이 희소식

 온 가족이 모여 즐거운 한가위를 보냈다. 두 아들네 식구들이 올라가고 반려견 타니와 둘만 남았다. 오랜 기간 혼자 생활했으니 익숙할 만도 한데, 아이들이 한꺼번에 가버리니 서운한 맘이 더 들었다. 그래도 내색하지 않고 씩씩하게 어린 손자와 손녀가 어질러 놓은 방과 욕실을 청소했다. 아이들이 오기 전 상태로 원상복구(原狀復舊)시켰다. 본래의 완전한 내 공간으로 환원(還元)시켰다는 말이 더 어울릴까….
 언제나 그렇듯이 큰 집에서 혼자 잠자리에 들었다. 고단은 했지만 잠이 푹 들지 않아 뒤척이다 밤을 지새웠다. 눈을 감은 채로 조금이라도 자려고 하는데, 방송소리에 눈을 떴다. 습관대로 전자시계를 보니 9월 18일 일요일 5시 11분이다. 어차피 깊은 잠은 들지 않을 것 같아 일어나서 스피커 소리에 귀를 기울였다.
　○○동 주민은 빨리 대피를 하라는 다급한 목소리다. 분명 우리 동이었다. 순간, 무얼 어떻게 해야 하는지 멘붕(mental collapsing) 상태가 되었다. 핸드폰을 주머니에 넣고 자고 있는 반려견 타니를 안았다. 우선 밖으로 나가고 난 후에 두 아들과 며느리에게 연락을 해야겠다고 마음먹었다. 그런데 현관문을 열자 이미 계단엔 연기가 가득했다. 타니가 숨을 쉬지 못하고 "흠!" 소리를 냈다. 나는 너무 놀라서 얼른 문을 닫고 거실로 돌아왔다. 이제 어떻게 해야 하나….
　3층에 사는 사모님께 전화로 "지금 어디 계시느냐?"고 물었다. 방송을 듣고 밖으로 나가려고 옷을 입는 중이라 하신다. 밖은 연기가 가득해서 못 나간다고 알려드렸다. 사모님은 나보고 수건에 물을 적셔서 쓰고 나오라고 하셨다. 그 소리를 듣는 순간 겁이 덜컥 났다. 상황이 심상치 않게 돌아가는 것 같았다.
　"난 마스크를 쓰면 되지만 우리 타니는 어떻게 해서 데리고 나가나."
　혼자 중얼거리는데 또 방송이 나왔다. 계단은 연기로 가득하니 밖으로 나가지 말고 집에 있으라고 한다.
　차라리 그게 편했다. 이제 스피커만 바라보고 있을 수밖에…. 마음속으로 부디 좋은 소식이 있기를 바랐다. 방송으로 소방차가 와서 진화 작업을 하고 있다고 하더니, 곧이어 불을 껐다고 알려주었다. 날은 밝았는데 밖에서는 여전히 기계음이 크게 들렸다. 베란다에서 밖을 보니 소방차가 지하 주차장 입구에 엄청 큰 호스를 넣고 무언가를 빼고 있었다. 내 생각엔 연기를 호스로 빨아들이는 것 같았다. 그 작업 시간이 꽤 길었다. 중문만 열면 여전히 고약한 냄새가 코를 찔렀다.

우리 동 밖이 궁금하여 내다보았더니 지하에 있던 승용차들이 지상으로 모두 올라와 있었다. 큰 호스로 열심히 무언가를 뽑아내던 소방차도 돌아갔지만, 난 겁이 나서 지하주차장에 내려가질 못했다. 난 정말 겁쟁이다. 어려서부터 듣던 대로 '눈이 크면 겁이 많다'는 말이 맞는 것 같다.

다음 날 지하주차장에 내려갔더니 내 차와 다른 차 두 대만 있다. 불에 탄 차는 형체도 알아보지 못할 정도였다. 덜덜 떨렸지만 간신히 차를 지상으로 옮겼다. 어제 나온 차들은 모두 세차를 해서 깨끗했다. 내 차만이 그을음 때문에 새까맣다. 그래도 인명사고 없이 이만한 게 다행이다 싶었다.

추석 다음 날 작은아들네 식구와 첫째, 둘째, 셋째 형님 댁과 여섯째 동서네 집에 들렀다. 자주 전화를 못해서 미안하다는 작은아들의 말에, 셋째 형님 댁 조카는 '무소식이 희소식'이라고 했다. 정말 맞는 말이다. 아무 일이 없으면 전화나 문자를 안 하게 된다.

그런데 대부분은 가족 간이나 친척에게서 연락이 없으면, 궁금해 하기도 하고 어떤 때는 서운해 한다. 관심을 안 가져주는 것 같기도 하고, 혹시나 소외되지는 않았나 하는 마음이 들기 때문이다. 나는 연락을 안 하면서 상대방의 관심을 기대하기도 한다. 무소식이 희소식(?)인데….

요즘은 TV뉴스만 들어도 세계의 모든 상황과 국내외의 소소한 사건까지도 알 수 있다. 특히 인터넷 포털 사이트(internet portal site)에선 각종 서비스를 제공하여 고정방문객을 확보하고 있다. 검색만 하면 갖가지 정보를 일목요연하게 정리해서 네티즌들의 궁금증을 풀어주고 있다. 궁금하지도 않고, 알고 싶지 않아도 각종 매체에선 아주 세세한 내용까지 친절하게 우리들에게 전해주고 있다. 가만히 앉아만 있어도 천 리 밖을 내다볼 수가 있다. 무소식은 이제 옛말이나.

6년 전 딸의 비보를 전해주는 전화도 새벽에 왔었다. 잠결에 청천벽력과도 같은 전화를 받고 얼마나 놀랐던지…. 이런 슬프고 놀라운 소식은 안 받고 싶다.

무소식이 희소식이다.

행복합니다

행복이 무엇인지 알 수가 없잖아요
당신 없는 행복이란 있을 수 없잖아요.

가끔 흥얼거리던 노래인데 내가 아는 가사는 단 두 줄뿐이다. 사람들은 모두 행복하기를 바란다. 동지가 지나고 올해 들어 가장 추운 날씨라는 일기예보다. 매달 갖는 모임인데 오늘따라 친구들과의 저녁식사 자리가 화기애애했다. 이렇게 건강하게 한 해를 마무리할 수 있어서 감사하고 행복하다 했다. 또 우리는 이구동성(異口同聲)으로 이렇게 추운 날에도 내 몸을 쉴 수 있는 따뜻한 집이 있어서 다행이라 했다. 그날따라 정말 행복감이 충만했다.

2012년 2월, TV에서 '행복(幸福)'에 대한 프로그램을 방영했다.

그때 나는 몸도 마음도 아팠고, 땅 속 깊은 곳에서 헤어 나올 수가 없어 발버둥을 치던 때였다. 출연자들의 얘기에 감동했고 동화되어 나를 되돌아보게 하는 프로라 메모했었다. 첫 질문은 '어떤 때 가장 행복을 느끼는가?'였다. 출연자는 현재를 충분히 만끽하고 음미할 때 행복하다고 했고, 또 어떤 일에 집중할 수 있는 마음이 행복이라고 했다.

　TV에 소개된 사례를 보고 행복은 불치병도 이길 수 있다는 걸 알았다. 외국의 어느 병실에서 회복 불가능한 환자가 삶의 의욕을 잃고, 죽는 날만을 기다리고 있었다. 그런데 그 환자는 자기 손톱을 손질할 때는 생기가 돌고, 죽음을 기다리는 환자라는 것을 잊는다고 했다. 간호사들이 다른 사람의 손톱도 손질해 보라고 권유했단다. 그녀는 다른 환자의 손톱을 손질하면서 행복을 느끼고, 삶의 희망을 갖게 되어 증세가 호전되었다고 한다. 결국 완치되어 네일아트 가게를 개업했다고 한다. 그녀는 몰입하면 다른 것은 보이지 않는다고 했다. '몰입은 나를 잊게(忘) 하고, 나를 있게(在) 한다'고 했다. 나도 모르게 전율했다. 이게 바로 행복이구나 싶었다. 행복이 병마(病魔)를 물리친 것이다. 많은 사람들이 이 프로를 보고 좌절보다는 희망을, 불행이 아닌 행복을 느끼기를 바랐다.

　다른 출연자는 우리가 찾는 행복은 평범한 삶에 있다고 했다. 지지(support), 칭찬하기 등 관계와 포용은 우리를 행복하게 만든다고 했다. 관계의 소통이 주는 행복감은 나도 알 것 같다. 그 사람은 '내가 행복해지는 지름길은 남을 행복하게 하는 것'이라고도 했다. 충분히 공감하는 부분이다. 어떤 이는 기부나 나눔에서 행복을 느낀다고 했다. 나누면 행복이 배가(倍加) 된다고 했고, 나누면 나눌수록 행복감은 커진다는 사람도 있었다.

난 행복이라 하면 부(富)와 명예(名譽)를 생각했었다. 부끄럽게도…. 나도 나만이 할 수 있는 것, 행복·나눔을 원한다면 주고 싶다. 함께 즐기고 함께 행복해지기 위해서 남을 위해 베풀고 함께 나누고 싶다. TV에 나온 분들은 모두 어려움을 겪었지만, 그 역경을 뛰어넘어서 찾은 행복이기에 더 소중하다고 했다.

자신에게 고통을 준 사람을 용서함으로써 행복을 느낀다는 분도 여러 명 있었다. 어떤 이는 잊을 수 없는 나쁜 기억, 미움, 분노는 자신을 힘들게 했고 몸과 마음을 망가트렸는데, 용서는 자신에게 주는 최고의 선물이자 자신을 되찾을 수 있는 행복이라고 했다. 이어서 TV화면에선 교통사고를 당한 아기 엄마가 아기를 안고 있는 모습을 보여주었다. 그녀는 사고가 나기 전엔 자기가 원하는 것은 큰 집과 좋은 차 그리고 명품 가방이었는데, 지금은 아기를 보고 만질 수 있다는 것만으로 큰 행복이라고 했다.

난 그들의 이야기를 듣고 놀랐다. 행복은 물질이 아니라 마음이라고 알려줬기 때문이다. 정말 그렇다. 나는 사랑하는 사람이 있어서 행복했고, 눈에 넣어도 아프지 않은 아이들이 있어서 행복했다. 단지 그 행복감을 당연한 거라 여겼다. 나보다는 남을 생각하는 마음, 남을 배려하는 마음에서도 행복을 느낄 수 있다. 난 역지사지(易地思之)란 말을 좋아한다. 남의 입장에서 생각하면 모든 것을 이해할 수 있다.

아침에 일어나서 친구에게 문자를 보낼 수 있어서 행복하고, 잘 있느냐는 친구의 다정한 안부에 행복감을 느낀다. 그러고 보니 모든 것은 행복이라는 초점에 맞추어 있다. 내가 행복해 하니 아이들이 안심을 하고, 아이들도 행복의 미소를 짓는다. 며칠 전에 엘리베이터 안에서 만난 아기엄마는 나를 보고 "우리 아파트에서 제일 열심히 사는 분이라고 소문났어요." 한다. 나는 멋쩍어서 웃음으로 대신했다. 그 순간 행복했다.

또 있다. 12월 27일 서울을 가려고 아침 일찍 서둘러서 7시 30분에 천안아산역에 도착했다. 8시 5분에 출발하는 KTX를 타기 위해서다. 역 안의 호두과자 가게에 들렀다. 여직원이 나를 보더니 "너무 예쁘세요!" 한다. 난 당황해서 "아~예!" 했다. 그 직원은 덧붙여서 "예쁘단 소리 많이 들으시지요? 깜짝 놀랐어요. 너무 아름다워서." 한다. 그 말에 내가 더 깜짝 놀랐다. 이런 과찬(?)은 처음 들었기 때문이다. "고마워요!" 이 말밖에 할 말이 없었다. 그녀는 환한 표정으로 "오늘은 장사가 잘 될 것 같아요." 한다. 정말 고마웠다. 아니, 많이 행복했다. 그러고 보면 고운 말 한마디도 사람들을 행복하게 만든다.

　요즈음 난 예쁘다는 얘기를 많이 듣는다. 내가 생각해도 신기하다. 그 이유를 곰곰이 생각해 봤다. 내가 예뻐진 이유는 내 마음이 밝아졌기 때문이다. 내 마음이 편하니 모든 것이 다 예뻐 보이는 것이 사실이다. 또, 상대방에게 호의적으로 대하게 된다. 호두과자 가게 여직원도 마음이 밝은 사람임이 틀림없다. 그래서 내가 예뻐 보인 거다. 오늘은 마음이 밝은 사람들끼리 만나서 더 많이 행복했다.

　혼자서는 행복할 수 없다. 마음 맞는 분들과 같이 자리를 할 수 있는 것도 행복이요, 축복이 아닌가. 그리고 보면 나는 행복한 사람이다. 내 반려견인 타니가 기다리는 집이 있다는 건 정말 큰 행복이다. 우리는 행복해야 한다. 흔히 건강하면 행복하다고 하지만, 행복하기에 건강을 유지할 수 있는 것 아닐까.

화재 현장을 지킨 똘이

 8월 마지막 일요일이다. 모처럼 TV앞에 앉았다. '동물농장'을 시청하기 위해서다. 정말 오랜만에 보는 프로다. 그런데 TV를 보다가 또 울고 말았다.
 화재 견(犬) 똘이 얘기다. 3개월 전 똘이의 주인은 화재로 3도 화상을 입어 병원에 입원했다. 주인을 잃은 똘이는 성치 않은 몸으로 잿더미가 된 집 주변을 떠나지를 않았다고 한다. 동네 사람들이 먹이를 줘도 전혀 받아먹지를 않고…. 똘이는 불에 탄 상처로 다리까지 쩔룩거리면서 주인아저씨를 찾아 헤매고 있었단다.
 보다 못한 동네사람들이 신고를 했고, 똘이는 제작진의 도움으로 병원치료를 받게 되었다. 육체의 상처는 치료가 가능하지만, 정신적인 상처를 입은 똘이는 계속 음식을 거부했다. 아저씨가 보고 싶고, 그리워서다. 제작진은 병원에 입원한 아저씨의 행방을 알아냈고 아저씨의 음성을 녹음했다. 녹음기에서 들려오는 아저씨의 음성을 확인한 똘이는 사료를 다 비웠다. 나도 모르게 박수를 쳤다. 그동안 얼마나 듣고 싶었던 주인의 음성이었을까.

　오늘은 아저씨와 똘이가 만나는 날이다. 병원에서 치료를 받은 똘이는 이제 다리를 제대로 딛을 수 있을 만큼 호전되었다. "첫사랑과의 재회가 이보다 더 설렐까?"라는 성우의 멘트에 나도 긴장되었다. 드디어 똘이의 모습이 아저씨의 시야에 들어왔다. "똘이야!" 부르는 아저씨를 향해서 질주하는 모습에 난 또 소리 내어 울었다. 아저씨도 울었다. 반면에 똘이는 그런 아저씨를 위로했다. 아저씨가 주는 사료를 단번에 비워버린다. 그동안 얼마나 애가 탔을까? 병원 관계자분들의 호의로 병원에서 아저씨와 똘이가 같이 있을 수 있게 되었다. 똘이가 좋아하는 모습에 나도 덩달아 기분이 좋아졌다.

　사람은 동물을 배신하는 일이 있어도, 동물은 절대로 주인을 배신하지 않는다는 것을 똘이가 보여주었다. 오매불망 주인아저씨만 기다리던 똘이가 새로운 터전에서 화재의 아픔을 딛고 새 출발을 할 수 있어서 정말 다행이다. 똘이의 소식을 듣고 많은 사람들이 도움을 준 덕분이다.

　아저씨는 노모(老母)를 모시고 똘이와 셋이서 폐지를 주우며 사셨다. 노모가 돌아가시고 똘이와 단둘이 의지하며 살았는데 화재가 난 것이다. 아저씨 역시 똘이가 유일한 희망이며 동반자라 했다. 아저씨는 자식 같은 똘이를 잠시라도 잊은 적이 없다고 했다. 아저씨와 다시는 헤어지지 않도록 똘이에게 마이크로칩을 넣어주었다. 아저씨는 다행히 치료가 잘 되어 퇴원해서 재활치료를 했다.

두 달 전에 방송한 똘이의 사연을 본 시청자들의 성금으로 둘만을 위한 '동화 같은 힐링 하우스(heeling house)'가 마련되었다. "잘 키운 똘이 하나, 열 아들 부럽지 않다."는 멘트에 나도 동감했다. 인테리어도 아주 멋지게 꾸몄고, 특히 똘이의 집은 정말 예뻤다. 제 집인 줄 알고 들어가서 활짝 웃는 똘이의 모습은 나까지 행복하게 했다. 어찜 그리도 환하게 웃을까.

난 이 프로를 보며 생각했다. 아저씨가 효심(孝心)이 지극하셔서 늦게 복(福)을 받는 거라고. 예전과 같이 아저씨는 똘이와 폐지를 줍는다. 하지만 이제는 외롭지도 슬프지도 않다. 서로 의지하고 사랑하는 반려자가 있기 때문이다.

나 역시 반려견 타니와 코리가 아니었으면 지금 이 자리에서 동물농장을 시청하고 있었을까? 그건 모를 일이다. 딸이 어이없이 내 곁을 떠난 후 난 식음을 전폐하고 소파에 누워 있었다. 물 한 모금 떠다 먹을 기운도 없었고, 그냥 이대로 눈을 감고 싶다는 생각뿐이었다. 그런데 우리 타니와 코리가 이런 나를 가만 두지 않았다. 특히 타니는 계속 짖어대어 이웃들에게 피해를 줄 것 같아서 걱정이 되었다. 금방이라도 항의 전화가 올 것 같았다. 할 수 없이 일어나서 녀석을 조용히 시켜야했고, 먹이도 주고 샤워도 시키고 산책도 같이 나가야했다. 녀석들의 시중을 들기 위해서는 내 의지와는 상관없이 일어나야 했다.

지금 생각해보니 녀석들이 나를 위해서 머리를 쓴 것 같았다. '엄마를 살리자'고 의논했나 보다. 결국 나는 녀석들 때문에 자리에서 일어났고, 지금의 내가 있는 거다. 코리는 작년에 하늘나라로 갔고, 혼자 남은 타니에게 고마움을 전하고 있다.

'화재 현장을 지킨 똘이'를 방영한 동물농장은 역경이나 고난도 사랑으로 이겨낼 수 있다는 교훈을 시청자에게 전달하고 있다. 어렵게 잡은 손 놓지 않고 영원히 함께하겠다는 아저씨의 깊은 마음이 내게도 전해졌다.

'모든 것이 제자리에 있을 때 최고의 가치이고 행복'이라는 말에 공감하면서.

가족여행

　내 음력 생일에 맞추어 두 아들이 휴가를 냈다. 금년 생일파티(?)는 강원도 평창에서 하기로 했다. 이번에도 큰아들이 여행 일정과 경비를 자세히 적어서 카톡으로 보내왔다. 이름난 맛집과 숙소 그리고 양떼목장, 눈썰매, 물놀이까지 시간과 소요경비를 산출했다. 전에 가족여행 갈 때도 아주 세밀하게 계획을 세워서 우리는 편하게 다녀왔었다. 여행사를 차려도 손색이 없을 것 같다. 우리는 큰아들과 큰며느리의 성(姓)을 따서 '장&김 여행사'라 부른다.
　올해 세 살 된 손자와 네 살 된 손녀가 태어나기 전엔 부산, 제주도, 강원도로 해마다 가족여행을 갔었다. 이번 여행은 아기들이 어리고 감기기운이 있어서 조금은 걱정이 되었다. 무사히 여행을 할 수 있기를 마음속으로 빌었다. 막상 여행길에 나서

자 식구들이 모두 즐거워했다. 해마다 가족여행을 가기로 약속도 했다.

이런 때 남편과 딸도 옆에 있으면 얼마나 좋을까. 남편과 우리는 여행을 많이 못 다녔다. 그 이유는 아이러니컬하게도 아침잠이 유난히 많은 남편 때문(?)이었다. 그래서 남편 살아생전에 난 속이 많이 상했었다. 동료교사들은 방학을 기다렸다. 가족과의 여행계획이 있다고 자랑(?)을 했다. 그와는 반대로 난 방학이 싫었다. 세상에! 방학을 싫어하는 사람도 있느냐고 반문(反問)할지 모른다. 하지만 난 그랬다.

남편이 일찍 떠난 후에는 혼자 여행하는 것이 싫어서 딸과 같이 다녔다. 우리 모녀는 말은 안했지만, 마음속으로 남편과 아빠를 그리며 가슴 아파했다. 해외여행에서도 일행 중에는 항상 부부가 끼어있었다. 서로 챙겨주고 보듬어주는 모습이 많이 부러웠다. 그나마 딸이 엄마를 챙겨주어 허전한 마음을 조금은 메꿀 수가 있었는데….

아들과 며느리는 언제부터인가 딸(누나이고 시누이인) 얘기를 전혀 안 한다. 아니, 내가 딸 얘기를 꺼낼까 봐 전전긍긍(?)하는 건 아닐까. 나 역시 아들과 며느리 앞에서는 함구무언(緘口無言)이다. 그렇지만 신기하게도 우리는 서로의 마음을 잘 알고 있다. 딸이 좋아하던 음식과 같이 놀러 왔던 장소를 기억하고 가슴 아파하며 안타까워한다. 덧붙여 아빠를 생각하는 아들의 마음을 읽노라면 가슴이 쓰려온다.

가족여행에서는 아빠의 빈자리를 채우려는 듯 아들과 며느리는 일정을 꼼꼼히 챙긴다. 우리 아홉 식구가 모두 만족할 수 있는 메뉴는 물론 관광지에서의 소요시간까지 빈틈이 없다. 그 덕분에 즐거운 겨울여행을 할 수 있었다. 아들들은 휴가를 내야하고, 두 며느리는 아기들의 건강을 미리미리 체크(check)해야 한다. 나만 매일이 방학이고 휴일이라 홀가분하게 여행을 즐길 수 있다는 것이 아들과 며느리에게 조금은 미안했다.

평창 가는 길에 정동진에 있는 썬크루즈리조트(sun cruise resort)에 들렀다. 입구에서부터 이국적인 풍경에 놀랐다. 잔디공원과 조각공원, 테마공원 등을 둘러보면서 감탄을 했다. 회전식 스카이라운지에서는 360도 전망을 내려다 볼 수 있다. 이곳에서 숙박을 하면서 동해바다를 바라보면 또 다른 느낌일 것 같다. 다음에 나 혼자라도 이곳에 다시 와야겠다. 아무튼 아들과 며느리 덕분에 멋진 곳을 볼 수 있었다.

콘도에서 다 같이 숙박을 하는 것도 어린 손자와 손녀에게 즐거운 추억을 선사하고 끈끈한 가족애를 심어줄 수 있어서 좋았다. 목장에서 양에게 먹이를 주는 아기들의 고사리 손이 정말 예뻤다. 눈썰매에 몸을 맡기고 즐거워하는 모습은 나까지 동심으로 돌아가게 했다. 우리 아기들이 컸을 때도 오늘의 기쁨을 기억해 주었으면 하는 바람을 가져보았다. 이튿날은 비가 산발적으로 뿌렸지만 다행히 날씨가 춥지 않았다. 물놀이도 재미있었다. 아이들은 파도타기를 좋아했고, 난 실내 풀 안에서 각각의 기계 특성에 따라 다양한 마사지를 체험했다. 아기들이 협조(?)를 잘 해준 덕에 2박 3일의 여행이 즐거웠다.

먹을거리는 여행의 즐거움을 배가(倍加) 시킨다. 여행지에서 음식이 입에 안 맞아서 고생했다는 사람들도 있지만, 난 다행히 편식을 안 한다. 맛집으로 소문난 집에서 황태요리와 대관령한우, 동해안 최고의 명소라는 주문진방파제 회단지에서 싱싱한 회를 먹고, 순두부까지 고루고루 먹었다. 집에 오는 길에 '메밀꽃 필 무렵'의 배경지인 봉평에서 '이효석 문학관'도 둘러보았다. 봉평 메밀국수도 먹었다.

특히 11살 된 손자는 미식가(美食家)다. 맛도 제대로 볼 줄 알지만, 정말 맛있게 먹는다. 손자가 먹는 모습만 봐도 흐뭇하다. 올해 초등학교에 입학하는 8살 손녀는 잘 안 먹는 편이다. 너무 마른 편이라 걱정이다. 어릴 때의 나를 보는 것 같다. 내가 어렸을 때 편식을 심하게 해서 부모님께서 애를 태웠다는 말씀을 종종 들었다.

그래도 아기들이 모두 건강하게 커주어서 감사하다. 두 며느리한테 마음속으로 고마워하고 있다. 2박 3일이 정말 빠르게 지나갔다. 아쉬움은 뒤로하고 다음엔 더 멋진 가족여행을 약속했다. 아기들과 외출하려면 준비물이 너무 많다. 내년에는 아기들이 한 살씩 더 먹어서 우유가방은 챙기지 않아도 될 것 같다. 어쩌면 기저귀 가방도 안녕할 수 있지 않을까…. 아무튼 내년 가족여행이 기대된다.

'장&김 여행사' 대표께서 더 멋진 곳으로 안내하겠지.

백록담(白鹿潭)

2016년 1월 1일이다. 새해를 맞는 기쁨이 예년과는 확실히 달랐다. 그런데 그 기쁨도 잠깐이고 걱정(?)이 생겼다. 운정사(寺)에서 연초(年初) 일주일간 회주스님을 따라하는 나한기도도 있고, 아산불교산악회에서 주관하는 제주도 한라산 등산 일정이 잡혀 있기 때문이다. 날짜가 중복되어서 한 가지는 포기를 해야만 했다. 그런데, 난 두 가지를 모두 신청했다. 욕심을 부린 거다. 제주도는 오후 6시에 출발하기 때문에 나한기도 입재(入齋)에는 참석할 수 있었다.

병신년(丙申年) 1월 1일 오후 6시에 관광버스를 타고 목포로 향했다. 목포에서 밤 12시 30분에 출발하여 새벽에 제주도에 도착했다. 1월 2일, 아침을 먹고 한라산 등반을 했다. 제주도는 올겨울에는 눈 대신 비가 많이 내렸다고 한다. 그래도 위로 올라갈수록 등산로가 얼어 있어서 아이젠 없이는 위험해 보였다. 1,950m 한라산 백록담 정상을 무사히 올라갔다. 백록담에는 인산인해(人山人海)라고 해도 과하지 않을 정도로 사람들이 많았다. 사진을 찍기도 어려웠고, 특히 일행을 잃어버릴까봐 겁이 났다.

전설에 의하면 백록담(白鹿潭)은 매년 복날 하늘의 선녀들이 내려와 목욕을 즐기는 그런 천상의 샘이었단다. 그런데 한라산 산신령이 아리따운 선녀들의 벗은 몸매를 본 죄로 옥황상제의 노여움을 사서 흰 사슴이 되었다. 그래서인지 지금도 해마다 복날이면 사슴 한 마리가 구슬피 울면서 못가를 배회한다고 한다.

그런 전설을 뒤로한 채 일행을 따라 열심히 하산을 서둘렀다. 내려오는 길에 아이젠이 바위에 걸려 앞으로 넘어졌다. 옆에 있던 분들이 괜찮으냐고 물으신다. 잠깐 정신을 잃은 것 같다. 그래도 기운을 차려서 괜찮다고 말을 하려는데, 말이 안 나온다. 순간 나는 겁이 났다. 말을 영 못하게 되면 어쩌나….

백록담을 보고 내려오면서 만난 우리 일행들은 1시간 정도 늦게 내려올 것이 분명했다. 그걸 알면서도 속력도 줄이지 않고 열심히(?) 내려오다가 변을 당한 것이다. 바위에 부딪친 왼쪽 가슴에 통증이 심했다. 등산로가 바위와 돌길이다. 왼쪽 가슴 주머니에 지갑이 있어서 그나마 적게 다친 것이었다.

재작년 겨울에도 '한라산 백록담'에 왔었다. 그때는 눈도 많앉고, 날씨가 추워서 손이 엄청 시렸다. 등산용 겨울장갑을 꼈어도 꽁꽁 얼어서 손가락 끝이 아팠다. 같이 온 제자가 장갑속에 끼라고 1회용 비닐장갑을 줬다. 손은 덜 시린데, 이번엔 행동하기가 부자연스러웠다. 그나마 화장실에 다녀오면서 비닐장갑 한 짝을 잃어버렸다. 그렇게 힘들게 정상을 올라서인지 그때의 백록담은 또 다른 희열을 맛보게 했다. 강추위 속에 강행은 했지만, 내려올 때는 설경에 도취되어 추위도 잊을 수 있었다.

　재작년에 비해 눈은 없어서 아쉬웠지만, 날씨도 따뜻하고 특히 손이 시리지 않아서 좋았다. 사람들은 눈이 쌓여야 등산하는데 힘이 들지 않는다고 한다. 정말이다. 눈이 녹으니 바위와 돌이 울퉁불퉁 튀어나와서 등산객들이 힘들어 한다. 나만 춥지 않은 날씨에 고마워하는 것 같았다. 예정시간보다 많이 늦어졌다. 그래도 우리는 선두라서 걱정은 안 했다. 늦게 올라간 일행들 걱정만 했었다. 내가 넘어지기 전까지는….

　그 와중에도 '사고는 순간적'이란 말이 생각났다. 정말 순간적이었다. 그냥 단순한 타박상이기를 마음속으로 빌었다. 1월 11일부터 14일까지 3박 4일 홍콩여행이 예정되어 있기 때문이다. 나 혼자 가는 거라면 얼마든지 취소할 수도 있다. 하지만 첫 해외여행 간다고 들떠 있는 손녀(8세)를 생각하면 내가 아파서는 절대 안 되는 일이었다. 손자(11세)랑 셋이 가는 여행이다.

3일 저녁에 집에 와서 작은아들한테는 넘어졌다고 얘기를 했다. 내가 움직이는데 아무런 불편함이 없이 행동하니까, 아들도 타박상인 줄 알고 걱정을 안 한다. 하지만 나 스스로 진단하기엔 단순한 타박상이 아닌 것 같았다. 낮에 점심을 먹으면서 앞자리에 앉은 회원에게 말을 건네려는데, 갑자기 말을 할 수가 없었다. 간신히 호흡을 가다듬고 말을 꺼냈다. 분명 어디가 고장이 난 것이 틀림없다.

저녁에 스님께서 전화를 주셨다. 신년 초하루만 나한기도에 동참하고 이틀간 아무 연락 없이 빠졌기 때문이다. 한라산 백록담 정상까지 갔다가 내려오는 길에 넘어졌다고 이실직고(以實直告)했다. 다음부터는 어디 갈 때 꼭 얘기하고 가라고 하셨다. 내가 다칠 것 같은 예감이 드신 건 아닐까….

이튿날 작은아들과 정형외과에 갔다. 다행히(?) 이들은 니민 내려주고 손자를 봐야 해서 집으로 갔고 나 혼자 진료를 받았다. X-RAY를 찍었는데, 10번 째 갈비뼈에 금이 가서 무조건 안정을 취해야 한다고 했다. 작은아들은 내가 아무 말을 안 하니까 당연히 타박상인 줄 알고 있다. 천만다행이다. 자꾸 물어보면 그것도 큰 낭패다. 저녁에 작은며느리가 물었다. "넘어진 곳은 괜찮으세요?" 하고. "응, 괜찮아." 했다. 큰아들 내외에겐 넘어졌단 말도 안 했다. 아이들에게 걱정을 끼치고 싶지 않아서다. 얘기를 안 한 이유는 또 있다. 앞으로 등산도 못 가게

하고 더군다나 다음 주에 가는 홍콩여행을 취소하고 안정해야 한다고 할 것 같아서다.

밤에 누워서도 "제발 빨리 낫게 해주세요." 하고 마음속으로 빌고 빌었다. 재채기가 나오면 정말 낭패다. 어떻게 할 수가 없다. 그보다 기침할 때는 까무러칠 정도로 아프고 고통스러웠다. 그래도 복대를 하고 씩씩하게 모임도 가고 학습관에도 갔다. 전에 갈비뼈를 다친 지인은 한 달간은 움직이지 않아야 뼈가 빨리 붙는다고 한다. 세상에! 한 달씩이나…. 정말 큰일이다.

하산 길에 다쳐서 고생은 했지만, 세 번째 가본 백록담을 사진으로 다시 보니 감회(感懷)가 새롭다. 백록담을 2003년 겨울에 사랑하는 딸과 둘이 첫 번째 올라갔기 때문이다. 그때는 정말 행복했다. 서로 사진을 찍어주면서 쉬엄쉬엄 올라가서인지 힘들다는 생각을 전혀 못했었다. 아마 딸이 내 곁에 있다면 이번 산행에도 같이 했을 텐데…. 또 딸이 생각나고 보고 싶다. 효녀인 딸은 엄마가 건강한 모습으로 한라산 백록담을 세 번째 올라갔으니 좋아할 거라 스스로 위로해 본다.

기회가 되면 또 백록담을 오르고 싶다. 봄, 여름, 가을, 겨울 4계절의 백록담은 각각 다른 매력으로 나를 황홀하게 해줄 것 같다.

홍콩 여행

손자(4학년)와 손녀(1학년)를 데리고 3박 4일 일정으로 홍콩여행을 떠났다. 왼쪽 가슴은 아직도 아팠지만 내색하지 않고 참았다. 아이들의 기대에 찬 표정에 찬물(?)을 끼얹을 수는 없기 때문이다.

10일 전에 한라산 백록담을 등반하고 내려오는 길에 넘어졌다. 왼쪽 가슴이 길 위에 올라온 바위에 부딪쳐서 10번 갈비뼈에 금이 갔다. 지인들은 움직이면 잘 붙지 않으니 집에서 꼼짝하지 말고 쉬라고 한다. 정형외과 선생님도 똑같은 말을 하셨다. 간호사가 복대를 채워줬다. 불편했지만 하루라도 빨리 붙기를 바라며 가슴에 둘렀다.

가슴의 통증보다는 나의 손자와 손녀가 기뻐하는 모습이 떠올라서 누워 있을 수가 없었다. 평소대로 의연하게 행동을 했다. 아무도 눈치 채지 못해서 다행이다. 만약에 아들과 며느리가 알면 여행을 미루라고 할 것은 뻔하다. 걸음은 그래도 표시 안 나게 걸을 수 있는데, 전(前)같이 뛸 수는 없었다. 여행 중에 손자는 "웬일로 할머니가 뛰지를 않으시네." 한다. 난 속으로 웃었다. 녀석이 보기에도 이상했던 모양이다. 항상 뛰어다니는 할머니의 모습이 눈에 익었나 보다.

홍콩에 내려서 미팅장소에서 만난 일행 중 한 분이 나를 보고 "친구 분들과 같이 오시면 더 재미있을 텐데, 손자와 손녀를 데리고 오셨네요." 한다. 그 말을 듣는 순간, 내 맘이 조금 흔들렸다. 솔직히 친구들과 왔으면 한결 자유롭고 홀가분했을지도 모른다는 생각이 들어서다. 그렇지만 난 몇 년 전부터 손자와 해외여행을 다녀서인지 불편하거나 힘이 든다는 생각이 안 든다. 할머니를 따라 같이 여행 온 손자와 손녀가 대견하기만 하다.

15년 전에 딸을 데리고 여교사들과 홍콩에 왔을 때는 먹을거리가 다양했고, 구경거리도 많았다. 그런데 이번엔 내 기대에 못 미쳤다. 음식도 볼거리도 별로였다. 일정이 너무 짧은 탓이다. 그래도 아이들이 신기해하고 좋아해줘서 다행이다. 우리나라 시간보다 1시간 느린 현지시간으로 밤 11시가 넘어서 호텔에 들어갔다. 아이들이 모두 피곤한지 침대에 눕자마자 잠이 들었다. 나도 대충 정리하고 잠자리에 들었다.

홍콩에서 하룻밤을 자고 이튿날은 홍콩 관광대신 오전 내내 쇼핑센터를 세 군데 들렀다. 일행 중에 누구 하나 불평을 하는 사람이 없었다. 그들은 이미 사전에 그런 정보를 인터넷을 통해서 알았나보다. 짧은 일정에 쇼핑센터를 이렇게 많이 들르는 여행이 낯설 뿐이다.

자유여행 일정은 심천에서 민속 쇼를 보기로 했다. 소인국(미니어처)관람은 셔틀카를 타고 했는데, 특히 손녀가 좋아했다. 어린 손녀는 사진도 찍었고, 동영상도 촬영했다. 심천에서의 저녁식사도 훌륭했다. 음식이 푸짐하기도 했지만, 우리 아이들이 맛있게 먹어서 흐뭇했다. 발 마사지도 받았다. 심천도 전에 왔던 곳으로 민속품 가게에서 딸이 좋아하는 액세서리와 공예품을 샀었다. 특히 종이 오리기 부문에서 세계 기네스북 기록자라는 사람은 딸의 옆모습을 5초 만에 오렸다. 딸의 모습과 똑같아서 신기해했던 기억이 났다. 이번에도 기대를 했었는데, 일정에 그런 이벤트는 없어서 아쉬웠다. 아이들에게는 좋은 추억거리일 텐데….

3일째 마카오에서는 가이드가 제일 먼저 '성 바오로 성당 유적지'로 안내했다. 기념촬영을 하고 내려오는데 여기가 바로 그 유명한 '육포와 쿠키'거리다. 시식용으로 내놓은 육포는 정말 맛이 있었다. 세계에서 10번째로 높은 마카오타워(Macao tower)

는 마카오 갑부(甲富)인 '스탠리 호가'가 마카오 반환 기념으로 2001년에 세워 마카오 행정부에 기증했단다. 233m의 61층 마카오 타워에 올라갔다. 타워의 바닥은 투명유리로 되어 있어서 아래가 환히 내려다보였다. 손녀는 겁이 없이 그 위를 성큼성큼 잘도 걷는다. 뛰기도 했다. 가이드와 일행들은 번지 점프 하는 사람을 보며 즐거워하는데, 나는 오금이 저려서 제대로 보지 못했다. 스카이 워크(sky walk)하는 사람도 볼 수 있었다. 번지 점프를 하려면 우리 돈으로 60만원을 내야하고, 스카이워크는 30만원이란다.

　야간의 화려한 분수 쇼를 손자와 손녀는 정말 좋아했다. 아름다운 음악에 따라 춤추는 분수는 현란함을 넘어 눈을 부시게 했다. 다른 분수에서는 볼 수 없는 불(火)까지 나와서 손자와 손녀를 더욱 즐겁게 했다. 베네시안 리조트는 미식축구장 56개를 합친 크기라고 했다. 그 넓은 곳에 상점과 오락실이 있어서 길눈이 어두운 나에게는 미로일 뿐이다. 베네시안 리조트 안에 있는 로드스토우(Lord stow's)에서 에그타르트도 먹었다.

　마카오까지 왔으니까 카지노에서 기계를 한번은 댕겨봐야(?) 한다고 일행은 가이드와 같이 오락실로 들어갔다. 나는 손자와 손녀를 데리고 내부를 한 바퀴 돌았다. 정말 이탈리아 베네치아(Venezia)에 온 것 같았다. 이탈리아 베네치아 운하에서 곤돌

라를 타고 유유히 관광하는 그 모습 그대로라 놀랐다. 가이드가 아이들을 봐 줄 테니까 나보고 오락실에 다녀오라고 했다. 난 손자와 손녀가 나의 큰 재산이니까. 내 재산을 지키고 있겠다고 했다. 약속 장소의 의자에 앉아서 일행이 올 때까지 기다렸다.

오래전부터 M투어를 이용했는데, L과장님이 보낸 과일 바구니를 가이드가 전해주었다. 그동안 여행을 많이 했지만, 여행지에서 과일바구니를 받기는 이번이 처음이었다. 감동을 선사한 과일바구니를 폰에 담았다.

식사 때마다 손자는 여전히 잘 먹었지만, 입이 짧은 손녀는 더 마른 것 같아서 걱정이 되었다. 작은아들 내외가 마른 손녀의 모습을 보고 안쓰러워할 것 같아서 마음이 쓰였다. 그나마 다행인 것은 3박 4일 짧은 일정이다. 좋은 분들과의 여행이라 좋았고, 가이드가 손자와 손녀를 데리고 왔다고 보살펴줘서 고마웠다. 홍콩과 마카오는 광동어를 쓴다는 것도 알게 되었다.

가이드 팁과 손자와 손녀가 갖고 싶어 하는 걸 사주기 위해 홍콩 달러를 준비는 했지만, 자유여행으로 옵션이 있는 것을 미처 파악하지 못했다. 손자와 손녀가 조금 더 크면 다시 와야겠다. 점보 레스토랑도 가고, 레이저 쇼도 보여주고, 스타의

거리도 거닐게 하고 싶다. 또 리펄스베이와 천세문까지 보려면 5박 6일은 해야 될 것 같다. 그때는 손녀도 편식하지 않고 음식을 잘 먹을 거라 믿는다.

벌써 마음은 홍콩행 비행기 안으로 날아가고 있다.

말이 안 나와요

　밤에 작은며느리가 전화를 했다. 반가운 마음에 말을 하려는데, 아뿔싸, 이럴 수가! 말이 안 나왔다. 아무리 크게 소리를 내보려고 해도 소용이 없다. 할 수 없이 며느리의 말만 듣고 "잘 자라."고 있는 힘껏 소리를 냈다. 그 이튿날도 마찬가지다. 작은아들한테 말을 하고 싶은데 목소리가 안 나온다. 안 그래도 금이 간 갈비뼈 때문에 조심하고 있는데, 감기까지 극성을 부리면 정말 낭패다. 그나마 기침할 때의 통증은 가라앉아서 천만다행이다. 만약에 기침할 때 전과 같이 고통이 심했다면 못 견뎠을 것 같다.

　그저께 오후부터 목소리가 안 나왔다. 며느리가 전화를 안했으면 난 목소리가 안 나오는 줄도 몰랐을 거다. 그도 그럴 것이 하루 종일 집에선 대화할 상대가 없기 때문이다. 다만 반려견 타니가 짖으면 "조용히 해!" 하고 네 마디를 내뱉는 것이 고작이다. 말하는 것이 불편했지만 목이 조금 가라앉은 줄 알았다.

콧물이 흐르고, 재채기도 계속 나왔다. 친구가 전화를 했다가 내 목소리를 듣고 놀라면서 얼른 끊으라고 했다. 내가 힘주어 말하는 것이 안쓰러워서다. 생전 처음으로 이런 일을 겪는다. 병원에 들렀다. 전보다 비염이 심해졌다고 했다. "목소리가 왜 안 나오느냐?" 물었더니 이것도 비염이 심하면 그럴 수가 있단다. 약만 타왔다. 기침과 재채기까지 합세해서 가만히 있기가 어렵다. 이번같이 심한 감기는 처음이다.

사람들이 '노인들은 한 번 앓고 나면 바싹(?) 늙는다.'고 했던 말이 생각났다. 이제 내 나이도 70을 향해 가고 있지 않은가. 옛날 같으면 완전 노인에 속하는 나이다. 그런데, 마음은 아직도 청춘이라 착각하고 살고 있으니…. 그래도 난 씩씩하게 잘 이겨낼 수 있을 것 같다. 다른 사람들처럼 한 번 앓고 나면 바싹 늙어버리고 싶지 않다. 죽는 날까지 건강하게, 멋쟁이란 소리를 들으면서 살고 싶다.

오후에 마트에서 찌개용 돼지고기를 두 근 샀다. 종업원에게 한 근씩 포장해 달라고 말을 하려는데, 여전히 목소리가 안 나온다. 종업원은 전혀 듣지를 못하고 등을 보이고 고기를 썰고 있다. 난 손뼉을 쳤다. 그제야 종업원이 뒤를 돌아본다. 나는 있는 힘껏 소리를 내어 "고기를 둘로 나누어 포장해주세요." 하고 손짓과 말을 같이 했다.

노자가 도덕경에서 이르기를 '나이가 들면 귀가 잘 안 들리는 것은, 듣지 않아도 좋은 것은 듣지 말라는 뜻'이라고 했다. 또, 보지 않아도 좋은 것은 보지 말라고 우리들의 시력은 점점 어두워지고, 말하지 않아도 좋은 것은 말하지 말라고 늙으면 말수가 적어진다고도 했다. 그래서일까? 내 목소리가 나오지 않는 것이…. 그렇다면 순응하고 말없이 지켜보리라. 말(言) 때문에 얼마나 많은 사건과 사고가 많은가. 이럴 때 나만이라도 입 다물고 상대방의 말을 들어주는 것도 괜찮을 것 같다.

지난달에 있었던 일이 생각났다. 지인의 초대로 K시를 방문했었다. 지인은 나에게 관광안내를 하면서 계속 말을 했다. 내가 무슨 말을 하고 싶어도 뚫고(?) 늘어갈 기회를 주지 않았다. 솔직히 고개를 끄떡이며 호응하는 것도 힘이 들었다. 거리에는 가수 C씨가 이 고장에서 콘서트를 한다는 현수막이 걸려 있었다. C씨의 사진을 보니 반가웠다. 지인에게 "C씨는 내가 좋아하는 가수이고, 크리스마스 저녁에 디너쇼를 보기로 예약했다."는 말을 하고 싶었다. 하지만 두 번이나 말을 꺼내려다 제지(?) 당하고 말았다. 나의 뒷말은 듣지도 않고 그 가수를 안 좋게 평하는 것이다.

난 아예 입을 다물고 있었다. 혼자서 하루 종일, 뭐가 그렇게 할 말이 많은지 잠시도 쉬지 않는다. 내가 심심할까봐, 나를 배려해서 자상(?)하게 설명해 주는 거라고 좋게 생각했다. 하지만 내가 말을 꺼내면 뒷말은 듣지도 않고 부정할 때는 아주 많이 실망스러웠다. 남이 말하는 중간에 말을 낚아채는 것은 좋은 행동이 아니라는 것을 지인은 모르나보다. 나는 차창으로 지나가는 경치를 보면서 "정말 아름답네요, 멋있어요!"만 했다. 괜히 왔다는 후회감도 들었다.

노자가 살아 있었다면 그 사람에게 뭐라고 했을까. "남의 말도 들을 줄 아는 예의를 갖추라."고 하지 않았을까. 그때 또 느꼈다. 말을 할 때는 신중하게 항상 가려서 해야 된다는 것을….

나는 말이 많은 것을 좋아하지 않는다. 남편은 정말 말이 없는 사람이었다. 종일 같이 있어도 한마디를 하지 않는다. 결혼 전에도 말이 없는 것이 큰 매력(魅力)이었다. 데이트할 때도 손만 잡아주고 한마디도 안 했다. 오죽하면 친정어머니가 "장서방은 말하기 싫어서 어떻게 학생들을 가르친다니?" 하실 정도였다. 그 정도로 말을 아꼈다. 그래도 아무런 불편함이 없이 33년을 살았다. 물론 답답하지도 않았다. 눈빛만 봐도 움직임만 봐도 뭐가 필요한지, 무엇을 원하는지 알 수 있으니까. 부부란 그런 것이 아닐까.

남편이 옆에 있다면 말 대신 눈으로 대화를 하며 회심의 미소를 지을 것 같다. 오늘따라 말이 없던 남편이 더욱 보고 싶다.

설경(雪景)

　새해 달력 첫장에는 어김없이 하얀 설경으로 사람들의 시선을 잡는다. 하얀 눈으로 뒤덮인 산(山)과 들(野)은 정말 멋있다. 특히 장독대에 쌓인 눈은 정겹기도 하고 어머니의 손맛까지 느끼게 한다. 18일(월요일) 오후부터 내리기 시작한 눈은 밤새 내렸는지 온천지가 눈꽃세상이다. 멋진 설경을 거실에서도 감상할 수 있어서 행복했다. 그때는 앞으로 어떤 상황이 펼쳐질지 전혀 알 수가 없었다. 한 치 앞도 모르는 것이 인간이라고 했던가.

　매달 20일은 여고 동창들이 모이는 날이다. 친구들은 아주 오래전부터 모임을 갖고 친목을 도모했다고 한다. 17명이 매달 모여서 여고 시절로 돌아가 많은 얘기를 나눈다고 했다. 가끔 해외여행도 가고, 연말엔 1박 2일 일정으로 모임을 갖는단다. 난 금년부터 모임에 들기로 했다. 그래서 금년 첫 모임을 내가 사는 아산에서 하자고 했다. 식당도 예약했고, 메뉴도 친구들이 좋아할 것으로 정했다. 친구들 만날 생각에 들떠 있었는데, 18일 오후부터 눈발이 내리더니 19일엔 폭설과 한파가 몰아닥쳤다. 빙판으로 변한 호남고속도로에서 32중 추돌사고가 났다고 텔레비전에 자막이 계속 뜬다.

친구들은 대전에서 봉고차를 대절해서 오기로 되어 있었다. 모임의 총무인 친구가 전화를 했다. 봉고차 기사가 길이 미끄러워서 아산에 갈 수 없다고 했단다. 나도 걱정은 했었다. 친구들을 현충사와 외암리 민속마을로 안내할 텐데, 너무 추우면 친구들이 고생할 것 같아서다. 할 수 없이 다음 주로 미루었다. 15년 만의 한파로 전국이 마비상태가 될 줄은 상상도 못 했으니까.

넷째 주 일요일엔 서울 '정각사'에 가려고 벼르고 있었다. 정목스님도 뵙고 금강경 독송도 하고 싶었다. 그런데 화요일부터 내린 폭설과 한파는 TV화면에 '외출을 자제'하라는 자막이 뜰 정도로 대단했다. 베란다에 있는 다육이도 모두 얼었다. 작년에는 날씨가 그다지 춥지 않았는데, 이번 한파에는 한강도 얼었단다. 작은아들도 외출하지 말고 집에서 쉬라고 문자를 보내왔다. 난 모든 것 내려놓고 마음 편하게 쉬기로 했다.

휴일을 느긋하게 보내려고 TV채널을 돌렸다. 뉴스는 제주도의 항공기가 700여 편이 결항되었고, 숙소를 잡지 못한 관광객은 공항에서 밤을 새웠다고 한다. 항공기가 이틀째 마비된 것이다. 관광객 6만 명이 발이 묶였단다. 울릉도도 예외는 아니다. 엿새 동안 내린 눈이 120㎝로, 눈 폭탄을 맞았단다. 울릉도와 육지를 연결하는 통로가 막혀서 생필품과 신선식품의 공급이 끊겼다. 화면 속의 울릉도는 온통 하얀 눈으로 뒤덮여 있다.

얼어붙은 한반도는 말 그대로 겨울왕국이다. 하늘 길과 바닷길이 꽁꽁 얼어붙었기 때문이다. 항공기 수천 편이 결항되었다. 15년 만의 최강 한파는 한강을 꽁꽁 얼게 했고, 호남과 충청 지역엔 대설특보 발령이 내렸다. 교통사고 52건, 낙상 사고 50여 건이란다. 속초와 서귀포는 기상관측 이후 가장 추운 날씨라고 한다.

미국 워싱턴도 갑자기 몰아닥친 폭설로 비상상태에 돌입했다고 뉴스는 전했다. 눈 폭탄이 예상된다고도 했다. 뮤리엘바우저 워싱턴 DC 시장은 기자회견에서 '이번 눈 폭풍은 죽느냐 사느냐를 가를 만큼 위력적'이라고 했다. 100㎞의 돌풍과 70㎝의 폭설이 美북동부를 마비시켰다니…. 중국 상하이도 35년 만의 혹한이라고 한다. 가까운 일본 홋가이도는 영하 22℃이고, 타이완에서는 추위를 견디지 못하고 50여 명이 사망했다고 한다.

TV를 끄고 창밖을 응시했다. 밖의 설경은 말 그대로 환상적이고, 평화(平和) 그 자체다. 가끔 오가는 사람들의 모습이 저 멀리 보이는데, 영화 속의 한 장면을 연상케 한다. 나무 위의 흰 눈은 크리스마스트리에 솜뭉치를 매단 것 같이 환상적이다. 하지만 설경은 결코 아름답기만 한 건 아니었다. 갑자기 한파가 몰아치던 19일(화요일)에 대청봉을 올랐던 등산객 한 명이 저체온증으로 목숨을 잃었다고 했다. 7명은 동상(凍傷)에 걸려서 병원에서 치료 중이라는 뉴스를 접하고는 한참을 생각에 잠겼다. 추위에 노출된 그들은 얼마나 고통으로 몸부림을 쳤을까.

　설경의 아름다움을 느껴본 사람들은 '상고대'를 보려고 겨울 등산을 즐긴다. 상고대는 나무나 풀에 내려 눈처럼 된 서리다. 태백산과 덕유산, 그리고 한라산에서 본 상고대는 정말 환상적이었다. 어느 예술가가 그렇게 멋진 작품을 만들 수 있을까…. 그 멋진 상고대를 지금 거실에서 보고 있지만, 아름답다는 감정보다는 어서 빨리 평년의 기온을 회복하기를 바라는 마음뿐이다.

　창밖을 보니 또 눈이 내린다. 오늘도 대설경보가 발령되었단다. 아름다운 설경을 감상하는 것도 이제는 불안하다. 한파대란이고 전국이 냉동고라는데, 설경에 도취되어 있을 수만은 없다. 마음이 바빠졌다. 이런 때는 어떻게 해야 하나? 서둘러보지만 아무것도 할 수가 없다. 천재지변(天災地變)이라고 하기엔 많은 사람들이 너무나 큰 불편과 아픔을 겪어야 했다.

흔 적

　폭설과 한파로 전국이 꽁꽁 얼었다고 한다. 학습관에 갈 생각은 일찌감치 접었다. 미끄러운 길에서 낙상(落傷)이라도 하면 큰일이다. 아이들에게 문자를 보냈다. 도로가 미끄러우니 길조심, 차조심 하라고. 아이넷 TV를 틀었더니 가수 C씨가 내가 좋아하는 '흔적'을 부른다. 가요 '흔적'은 가사가 애절하고 옛 추억 속으로 나를 이끄는 그 무엇이 있다. 과거를 떠올리면 항상 '좀 더 잘 할 수 있었을 텐데' 하는 아쉬움을 느끼게 된다.
　흔적(痕迹)은 어떤 현상이나 실체가 없어졌거나 지나간 뒤에 남은 자국이나 자취를 뜻한다. 이렇게 눈이 내리는 날은 내 맘은 어김없이 옛날로 돌아간다. 추억에 잠기려니 제일 먼저 남편 얼굴이 떠오른다. 남편을 처음 만난 것은 내가 대학교 4학년 때였다. 1968년 여름방학 때, 남편은 나의 중학교 때 은사님과 같이 내가 다니는 K대학으로 연수를 받으러왔었다. 만 다섯 살에 초등학교에 입학했으니, 내 나이 만20세 때다. 그때 남편은 만28세의 노(老)총각이었다. 만20세, 지금 생각해 보니 너무 어리고 철없는 나이였지만, 가장 예뻤던(?) 시절이 아닌가 싶다.

 1970년 7월 1일 시댁인 S면에 있는 S중학교로 학교를 옮겼다. 아산시에서의 교직생활이 시작된 거다. 신접살림은 당연히 시댁에서 하기로 했다. 10남매(7남 3녀)의 넷째 며느리가 된 것이다. 시댁에서 학교가 빤히 보이는데도, 걸어서 가려면 시간이 꽤 걸렸다. 특히 비가 내리는 날엔 구두에 진흙이 달라붙어서 걸음을 옮기는 것이 쉽지 않았다. 지금도 그 생각을 하면 입가에 웃음이 번진다. 학교 입구 양쪽 길가에 있는 잡초나 잔디에 학생들은 있는 힘껏 발을 비벼댔다. 운동화에 붙어있는 진흙을 떼기 위해서다. 잡초와 잔디는 붉은 진흙 세례를 받고도 초연하게 학생들을 반기고 있었다.

 시댁에서 학교를 갈 때도, 하교할 때도 따가운 햇볕을 받아야 했다. 햇볕을 가려줄 가로수나 건물이 없기 때문이다. 기차를 타려고 해도 걸어서 D역(驛)까지 30여 분이 걸렸다. 가로수 하나 없는 거리를 여름에는 뙤약볕에 노출된 채 땀을 흘리고, 겨울에는 칼바람을 맞아 얼굴이 얼얼했다. 지금은 집집마다 승용차가 있고, 시내버스도 시댁 안쪽에 있는 마을까지 들어온다.

 지금 생각하면 많이 불편했을 것 같은데, 추억(追憶)은 항상 아름다움으로 포장되어 다가온다. 아팠던 상처도, 생각하고 싶지 않은 기억도 아련한 그리움으로 다가온다. 사람들은 흔히 '그때가 좋았지' 한다. 나도 그때가 정말 좋았다.

형제가 많다 보니 집이 크고 방이 많아도, 나와 남편은 방 한 칸에서 지내야 했다. 장롱을 들여 놓은 방은 더 비좁아 보였다. 안방엔 시부모님과 막내 시동생(6학년)이, 윗방엔 첫째와 셋째 시누이가 기거했다. 둘째 시누이와 넷째인 남편보다 먼저 결혼한 다섯째 내외는 별채에 있는 방을 각각 하나씩 쓰고 있었다. 미혼인 여섯째 시동생은 건넌방에서 지냈다. 말 그대로 대가족(大家族)이다.

첫째 형님은 시댁에서 빤히 보이는 S중학교 근처에 사셨고, 둘째형님과 셋째형님은 시댁 바로 옆에 사셨다. 시부모님은 10남매를 모두 가까이 두고 계셨다. 큰일(大事)을 치를 때는 정말 푸짐했다. 근래에는 조카들의 자녀가 결혼을 하니 가족의 수를 세는 것도 만만치 않다. 난 조카나 친척들이 보고는 싶지만 혼사에 참석할 수가 없다. 아직도 마음의 상처가 치유되지 않아서다. 웃는 모습으로 친척들 앞에 나타나기엔 시간이 더 많이 필요할 것 같다. 그때가 언제일지 나는 모른다.

아들과 며느리는 이제 아픈 상처를 잊고, 내가 좋아하는 여행하면서 즐겁게 살기를 바란다. 나도 아들과 며느리 그리고 손자와 손녀랑 아무런 일이 없는 것처럼 웃고 떠들며 살고 싶다. 생각은 언제나 그렇게 하자고 약속하고 다짐하는데 마음이란 놈(者)이 말을 듣지 않는다. 친척들이나 지인들을 만나서 오랜만에 훌훌 털고 크게 웃으려 해도, 마음 한구석엔 찐한 흔적이 지워지지를 않는다.

사랑하는 딸이 내 곁을 떠나 먼 곳으로 간 지 6년이 지났다. 하지만 난 딸을 떠나보낼 수가 없었다. 그래서인지 봄만 되면 어김없이 가슴앓이가 시작되었다. 새싹이 돋아날 때, 내 가슴은 피멍으로 얼룩이 졌다. 작년엔 딸을 위해서 천도재(薦度齋)도 지냈고 구명시식(救命施食)도 했다. 부디 좋은 곳으로 가기를 바라는 마음에서다. 이제는 나도 놓아주려고 한다. 구명시식 하는 자리에서 딸은 "이제는 엄마 곁을 떠나겠다."고 한다. 또 "엄마를 사랑해요, 부디 저를 잊지 말아주세요!"라고도 했다. 어찌 내가 딸을 잊을 수 있을까? 딸의 위패(位牌) 앞에서 "나도 너를 사랑한다! 너를 잊지 않을게." 하고 약속했다. 이승에서의 아쉬움과 서운함은 모두 내려놓고 좋은 가정에 태어나기를 진심으로 빌어본다.

남편은 나에게 "잘 해준 것도 없고, 정말 미안하다."고 했다. 그리고 두 아들의 안부도 물었다. 아이들을 남기고 먼저 가서 나에게 많이 미안했나 보다. 이제는 가족 걱정은 하지 말고, 내세에는 건강한 몸으로 행복한 삶을 누리기를 기원해 본다.

4.
사랑인 것을

사랑인 것을

　오늘은 일요일, TV앞에 앉았다. 며칠 전에 있었던 일로 우울하고 기분마저 완전 아래로 가라앉았다. 일이 손에 잡히질 않는다. 종합편성채널을 돌렸더니 MBN의 '동치미'라는 프로에서 패널들이 토론하고 있었다. 오늘의 주제는 '집 비밀번호를 알려달라고 한 시어머니에게 남편이 아내와 상의 없이 알려줬다면?'이다. 난 제목을 잘못 읽었나 하고 TV앞으로 바싹 다가갔다. 분명히 '남편이 시어머니에게 집의 비밀번호를 아내와 상의 없이 알려줬다면?'이다.
　이게 무슨 소리인가 싶었다. 우리 집 비밀번호를 아들네 식구들은 모두 알고 있고, 나 역시 옆동에 살고 있는 작은아들네 집엔 수시로 드나들었다. 물론 자주 못가는 큰아들 네 집의 비밀번호는 아예 물어보지도 않았다. 안 그래도 며칠 전에 있었던 일로 작은아들과 난 위기(?)를 맞았다고 해도 과언이 아니다. 이 프로를 보면서 내가 그동안 얼마나 무모했는지를 알았다. 작은아들네는 아주 가까운 옆동에 살고 있으니 당연히 왕래도 자유롭게 했고, 또 아이들을 가끔 봐주기도 해서 임의롭게 생각했다. 모든 할머니가 다 그럴 거라고 믿어 의심치 않았다.

작은아들네 식구가 옆동으로 이사만 안 왔어도 이런 어이없는 일로 괴로워하지 않았을 텐데…. 남들이 볼 때 어떻게 생각할지 모르겠지만 난 나대로 손자와 손녀를, 아니 우리 가족을 챙긴다고 한 행동이었다. 그런데 그것이 아들한테는 지나친 관심이나 잔소리로 들렸나 보다.

정말 아무 일도 아닌 사소한 일로 시작되었다. 놀고 있는 손자와 손녀가 위험해 보여서 조심하라고 주의를 주면 작은아들은 "괜찮아요, 그냥 두세요." 했다. 매번 아들은 손자아 손녀를 두둔했다. 그럴 때마다 난 정말 많이 서운했다. 말을 못하게 막는 것 같아서다. 아빠가 아이들을 두둔하는 것은 당연한 일이다. 하지만 할머니가 손자와 손녀를 걱정하는 것도 관심과 사랑의 표시임은 분명한 사실이다.

전에도 여러 번 작은아들한테 "너는 왜 말을 못하게 하니?" 하고 속상한 마음을 얘기했었다. 앞으로는 손자와 손녀에게 아무런 말도 않으리라 마음속으로 다짐도 했었다. 그런데 같이 있으면서 위험한 장난을 할 때는 나 스스로 한 약속을 잊고,

또 "조심해라! 하지마라!"라고 참견을 했었다. 그게 아들은 싫었나보다. 그냥 예뻐하고 잘한다고 칭찬만 해주기를 바랐던 거다. 전에는 아들의 태도가 많이 서운했지만 금방 마음을 풀었었다.

이번엔 예기치 않게 엉뚱한 방향으로 일이 꼬였다. 작은아들 네 식구를 안 보면 모든 것이 해결될 것 같다. 아기들이 노는 걸 보면 또 '위험하니까 조심해라' 하고 말을 할 건 뻔하다. 그러면 아들은 '괜찮아요! 내버려 두세요' 하며 내 입을 막을 거니까.

2013년 작은며느리가 세종시로 발령이 나자 가까운 우리 아파트로 이사를 했고 만 3년을 옆동에서 살았다. 다시 며느리가 위례 신도시로 직장을 옮겨서 직장 근처로 1월 11일에 이사를 갔다. 이사 가기 전에 엄마한테 효도를 많이 하겠다던 작은아들이다. 내가 아들에게 "이보다 더 어떻게 효도를 하니?" 할 정도로 엄마를 위해 애를 많이 썼다. 작은아들은 정말 효자다. 엄마를 챙기는 모습에 이웃들이 이구동성(異口同聲)으로 아들을 칭찬했다. 그만큼 나는 작은아들을 좋아하고 많이 의지하는 편이다. 특히 손자와 손녀를 수시로 볼 수 있어서 좋았고, 아이들의 커가는 모습과 재롱을 보면 정말 행복했다.

어제 토요일(1월 30일)은 내 생일 파티를 위례신도시에 생긴 지 얼마 되지 않는 M호텔에서 저녁 뷔페로 했다. 솔직히 가고 싶지 않았다. 작은아들네 식구를 만나고 싶지 않아서다. 난 손자와 손녀에게 사랑과 관심으로 얘기를 하지만, 작은아들은 또 내 입을 막지 않을까. 아들이 카톡으로 문자를 여러 개 보냈지만, 난 열지 않았다. 문자 내용을 알고 있기 때문이다.

 사람들은 그런 걸 갖고 무슨 고민이냐고 할지 모른다. 호강에 젖어서 어떤 것이 정말 서운한 것인 줄 모른다고 웃을 수도 있다. 생일파티에 갈까 말까 망설이고 있는데 공주에서 살고 있는 큰동생 내외가 딸과 외손자, 외손녀를 데리고 나의 집을 방문했다. 딸기와 귤상자를 들고서…. 내 생일이 이번 주 수요일인 걸 기억하고 점심을 사준다고 당겨서 주말에 온 거다. 나를 챙겨주는 동생 내외가 고마웠다. 내 회갑에도 잊지 않고 축하해준 동생 내외다. 점심은 내가 잘 가는 단골식당에서 먹었다. 큰동생네 식구를 배웅하고 성남행 버스에 올랐다. 약속시간보다 1시간이 늦은 7시가 되어서 호텔에 도착했다. 큰아들네와 작은아들네 식구, 둘째 동생네 가족이 나를 기다리고 있었다.

 뷔페로 식사도 했고, 케이크에 촛불을 켜고 생일 축하 노래도 불렀다. 즐거워야할 생일 파티가 서로 눈치 보느라 어색하기만 했다. 저녁 식사 후에 작은아들 네 아파트를 방문했다. 이사하고 처음 방문하는 것이니 집들이나 마찬가지였다. 새로 지은 아파트라 깨끗하고, 동선이나 수납장 등 모든 게 마음에 들었다.

손자와 손녀 방에 들어갔는데 창문 앞에 아이들 책상이 놓여 있어서 아기들이 책상에 올라가면 위험할 것 같다. 3층인데, 창엔 방충망도 없었다. 작은며느리한테 "아이들이 책상에 올라가면 위험하겠다." 했다. 말하고 나서 또 '내가 괜한 말을 했나.' 하고 자책했다. 일체 간섭을 안 하겠다고 마음을 단단히 먹었지만 솔직히 그 약속이 지켜질 것 같지는 않다. 손자와 손녀 또한 나의 분신이 아닌가.

　두 아들은 나의 행복이고, 큰 재산이다. 말이 없는 큰아들은 보기만 해도 든든하고 믿음직했다. 아니, 생각만으로도 뿌듯하다. 자상한 작은아들은 엄마의 마음을 읽는 재주가 있는지 미리 알아서 척척 해결해준다. 두 아들을 어릴 적부터 알고 있는 지인들은 나를 많이 부러워한다. 그만큼 두 아들은 나에겐 버팀목이었고 내가 살아가는 이유였다. 그랬는데 작은아들의 말 한마디에 나는 땅 속 깊이 내려가는 기분이 들었고 서운했다.
　아들은 엄마가 손자와 손녀를 많이 사랑하고 있다는 걸 분명 알고 있을 텐데 왜 말을 막았는지 이해가 안 된다. 엄마가 살아 있다는 증거라는 걸 모르고…. 모르는 게 당연하다고 한 발짝 물러나서 양보도 해본다. 하지만 이번엔 나도 단단히 화가 났다. 작은아들은 '죄송하다'고 문자도 보내고, 바쁜 와중에도 성남에서 아산까지 내려와서 다시 기회를 달라고 한다. 난 그저 묵묵부답

(默默不答) 대꾸를 안 했다. 물론 엄마로서는 할 일이 아니다. 어른이면 어른답게 행동을 해야 하는 것도 알고 있다.

요즘 젊은이들은 집 비밀번호를 시어머니한테 알려주는 것조차 꺼려한다는 패널들의 얘기를 듣고 정신이 번쩍 났다. 머리를 한 방 맞은 것 같다. 나는 아직도 옛날 방식으로 우리 아이들을 대하고 있었나 보다. 물론 옛것이 다 나쁜 것은 아니다. 온고지신(溫故知新), 옛 것을 알면서 새 것도 안다는 뜻이다. 하필이면 이 프로가 오늘 방영된 것이 과연 우연의 일치일까.

또 있다. 친구가 보내준 글 중에 '부탁 받지 않은 충고는 굳이 하지 마라! 늙은이의 기우와 잔소리로 오해 받는다.'는 내용이었다. 지금의 나를 여실히 보여주는 대목 같다.

이제 나는 어떻게 해야 하나….

엄마라는 이름은

 며칠 있으면 민족 고유 명절인 설날이다. 모든 사람들이 기다리고 좋아하는 명절이지만 난 은근히 걱정이 된다. 그 이유는 일을 잘하지 못해서다. 그래서인지 명절이나 제삿날엔 유난히 어머니 생각이 난다. '엄마'라는 이름은 세상에서 가장 훌륭하고 거룩하다. 또 가장 친근하게 다가온다.
 나는 '어머님 은혜'를 부를 때는 항상 목이 멘다.

> 높고 높은 하늘이라 말들 하지만
> 나는 나는 높은 게 또 하나 있지

 어머니를 떠올리면 울컥해지고, 나도 모르게 침을 삼키게 된다. 그만큼 엄마는 위대하고 자랑스럽고 숭고(崇高)하기까지 하다. 내 나이 70이 코앞인데, 난 엄마가 그립다. 우리 엄마는 젊어서부터 해수(咳嗽)·천식(喘息)으로 고생하셨다고 했다. 내 기억에도 엄마는 항상 편찮으셨고, 신장염으로 몸이 부어 거동이 불편할 정도였다.

외갓집에 가면 외할머니와 외숙모께서 아버지를 칭찬하셨다. 어린 내가 보기에도 아버지는 어머니한테 정말 지극정성이셨다. 어머니가 아버지를 안 만났다면 어땠을까? 어린 시절, 우리 집에는 항상 한약냄새가 났다. 베 보자기에 한약 건더기를 넣고 수저 두 개를 양쪽 손에 잡고 약을 짜던 아버지의 모습이 눈에 선하다. 어머니의 시중을 들어주는 아주머니가 계셨지만, 어머니의 약은 항상 아버지께서 직접 챙기셨다. 의사가 집에까지 와서 어머니의 가는 팔에 링거를 놓았다. 빈혈이 있는 어머니는 수혈도 여러 번 했다.

어머니가 자리에 누워 계시니 가사를 돕는 아주머니와 동생들을 돌봐주는 사람이 따로 또 있었다. 어머니는 자식들에겐 일을 안 시키셨다. 지금까지 내가 일을 못하는 것은 다 어머니 때문(?)이다. 농사를 안 지었으니 딱히 일할 것이 없었다. 우리 고향은 집집마다 직조기를 들여놓고 인조견(人造絹)을 짰었고, 아이들의 손도 빌려야 할 만큼 일손이 필요했다. 그렇지만 우리 집은 옆집마냥 직조(織造)를 하는 것도 아니어서, 나와 남동생 셋은 자질구레한 심부름도 할 필요가 없었다.

일 년만 있으면 나도 칠순(七旬)이다. 중·고등학교 친구들은 이미 재작년에 칠순을 맞이했다. 학교를 일찍 입학시킨 어머니와 아버지 덕분에 나만 아직 60대다. 어머니의 은혜는 정말 하늘보다 높고 바다보다 깊다. 내가 나이를 먹어서인지 아니면 철이 들어서인지 오늘따라 어머니의 크나큰 은혜에 고개 숙여 감사를 드린다. "엄마!" 하고 큰소리로 부르고 싶다. 눈물이 또 날 것 같다.

그런데 그 엄마라는 이름이 색다른 느낌으로 다가왔던 기억이 있다. 3년 전에 아파트 친구들과 내장산으로 단풍 구경을 갔다. 고운 단풍에 우리는 모두 환호성을 질렀다. 내장사 입구엔 붉은 단풍나무가 자태를 뽐내며 관광객들의 시선을 잡아끌었다. 단풍나무를 배경으로 사진도 찍고, 내장사(寺)에 들러 참배도 드렸다. 단풍구경에 취해서 배고픈 것도 잊었다. 시선을 옮겨 봐도 눈앞엔 온통 붉은 빛깔이다. 더 신기한 것은 붉은색이 조금씩 다른 색을 띠고 있었다. 간혹 노란 단풍과 녹색 단풍도 보였다. 단풍도 예뻤지만 붉은 단풍에 취하여 빨개진 친구들의 얼굴이 더 예뻐 보였다. 주차장으로 내려오면서 각설이도 보고, 약용작물도 구경했다. '금강산도 식후경'이라고 했던가, 우리는 맛있는 산채 정식을 먹었다. 출발시간까지는 여유가 많았다. 느긋하게 다시 특산물을 구경하기로 했다. 생전 처음 보는 농작물도 있었고 그 종류도 다양했다. 정말 없는 것 빼고 다 있었다. 친구들 모두 들뜬 표정으로 여기저기를 구경하기 바빴다.

정읍은 대봉의 고장이다. 대봉 한 자루에 단돈 만원이란다. 어림잡아 봐도 10개는 넘는 것 같았다. 우리는 값이 너무 싸서 놀랐다. 아주머니한테 감을 사려고 했지만, 아쉽게도 감을 담아줄 비닐봉투가 없단다.

할 수 없이 길 건너에서 감을 팔고 있는 한 청년한테로 옮겨 갔다. 그 청년한테 "저쪽에 있는 아주머니는 비닐봉투가 없어서 못 파신대요." 했다. 그러자 청년은 "우리 엄마야." 한다. 우리는 이구동성으로 "어머나! 그래요?" 하고 놀라움을 감추지 못했다. 난 속으로 '아주머니는 효자아들을 두셨구나.' 생각했다. 우리 여섯 명은 모두 감을 한 자루씩 사기로 했다. 그런데 그 청년도 감을 담아줄 비닐봉투가 부족했다. 우리들이 난처해하고 있는데, 청년은 바로 옆에 앉아있는 아주머니에게 "엄마! 비닐봉투 좀 줘." 하는 게 아닌가. 나는 어이가 없어서 "저 쪽에 있는 분이 엄마라면서요." 했다. 그 청년은 아무렇지도 않은 표정으로 "여기 있는 사람, 모두 우리 엄마야." 한다. 우리 모두는 실소(失笑)했다.

머리가 하얀 나는 꼭꼭 존댓말을 했고, 젊은 그 청년은 우리에게 끝까지 반말이다. 그래도 그 청년이 예뻐 보이는 건 왜일까?

나에게 엄마는 단 한 사람, 나를 낳아주신 우리 엄마뿐이다. 모든 사람들이 그렇게 알고 있지 않은가. 그런데도 불구하고 우리들을 속인(?) 그 청년이 신선(新鮮)하게 다가왔다. 동네 아주머니들을 '엄마!'라고 부르며 살갑게 한다면 그 누가 이 청년을 미워할 수 있을까. 또 어머니에게 함부로 하는 젊은이는 당연히 없으리라 믿는다. 효(孝)교육과 인성(人性)교육이 자연스럽게 실천되고 있는 것 아닌가.

아름답고 멋진 단풍도 구경하고, 맛있는 대봉도 샀고, 또 엄마를 많이 둔 효자 아들도 만날 수 있었다. 3년 전의 그날을 생각하니 나도 모르게 입가에 행복한 미소가 떠오른다.

넓고 넓은 바다라고 말들 하지만
나는 나는 넓은 게 또 하나 있지.

손목시계

　설날이라 아들과 며느리, 손자와 손녀가 다 모였다. 나까지 아홉 명이다. 두 며느리는 주방에서 차례상 준비를 하고, 큰아들은 거실에서 TV를 보고 있다. 작은아들은 손자와 방에서 무엇을 하는지 나오지를 않는다. 궁금해서 들어갔더니 손목시계가 눈에 띄었다.
　작은아들은 손자에게 어른용 손목시계 사용법을 설명하고 있었다. 가까이 가서 보니 내가 몇 년 전에 작은아들에게 선물했던 시계다. 외국여행을 다녀오면서 큰아들에게 방수용 시계를 선물했었다. 큰아들은 내가 사준 방수용 시계가 운동할 때 편리하다고 좋아했었다. 그래서 작은아들한테도 똑같은 시계를 선물했다.
　요즈음엔 핸드폰이 있어서 손목시계를 안 차는 사람들이 더 많다. 아니, 손목시계의 필요성을 예전보다는 덜 느끼는 것 같다. 옛날엔 '여자는 시계로 남자를 본다'라는 말이 유행할 정도로 손목시계가 부(富)의 상징이었다. 가끔 고가(高價)의 손목시계 때문에 일어나는 사건·사고가 뉴스에 나오기도 했다. 특히 예물시계의 가격은 천차만별(千差萬別)이었다. 일부 사람들이 선망(羨望)한다는 어떤 제품은 가짜까지도 인기가 있다고 했다. 하지만 나는 많은 사람들이 선호하는 것은 70년대에 나온 전자 손목시계라고 생각한다. 전자 손목시계는 비싼 것도 있지만, 대부분 잃어버려도 서운하지 않을 만큼 저렴한 가격이어서 부담 없이 구입할 수 있었다. 거기다 성능까지 훌륭해서 많은 사람들이 애용했다.

  내가 중학교 2학년 때, 아버지께서 예쁜 손목시계를 사 오셨다. 시골 중학교라서 1·2·3년 합해서 학급수가 5학급이었다. 전교생 중에서 선배 언니 한 명이 유일하게 손목시계를 찼었다. 그때만 해도 부러워하는 마음까지도 사치스럽다고 느낄 정도로 손목시계는 남의 일이었다. 그런데 아버지께서 나에게 손목시계를 선물하셨다. 예쁘고 멋진 손목시계를 차는 기쁨보다 쑥스러움이 더 컸다. 부끄럽기까지 했다. 동복차림이면 자연스럽게 손목을 가릴 수 있는데, 하필 하복을 입어서 손목시계는 친구들의 시선을 받아야 했다. 할 수 없이 왼 손목에 시계를 차고 그 위를 손수건으로 묶고 다녔다. 그 시선이 부담스러웠기 때문이다.

　그런 내 모습을 보신 아버지께서는 자연스럽게 차고 다니라고 용기(?)를 주셨다. 그 손목시계는 나의 친구가 되어 오래도록 나랑 같이 했다. 그 후에도 많은 시계들이 나의 손목을 거쳐 갔다. 예물로 받은 시계도 있었고, 액세서리용도 있고, 동그란 모양과 네모진 것 등 다양하다. 나는 시계를 여러 개 갖고 있다. 한 번도 차지 않은 새(新) 시계도 몇 개 있다. 무슨 기념일 행사로 나온 것도 있고, 퇴임 때 받은 것도 있다. 나는 지금도 외출할 때는 시계를 꼭 차고 나간다. 폰이 있어서 구태여 시계를 차지 않아도 되는데 그냥 습관이다. 외국 여행갈 때는 준비물 1호로 챙기는 것이 손목시계다.

　2006년 ○중학교 교장으로 근무할 때다. 2학년인 ○○○는 거짓말도 잘하고, 말썽을 피우는 학생이었다. 담임과 학생부장은 그 학생 때문에 신경을 많이 썼다. 거짓말은 그럴싸하게 잘 (?)해서 선생님들을 속였는데, 신기하게도 한글을 깨치지 못했다. 나는 그 학생을 불러서 여름방학 동안에 한글을 깨치고 오면 손목시계를 주겠다고 약속했다. 그리고 기대를 했다. 손목시계를 갖고 싶어서라도 한글공부를 하리라 믿었었다. 하지만 ○○○는 개학한 후에 교정에서 나를 만나면 피했다. 한글을 못 깨친 거다. 결국 손목시계를 주지 못했다. 손자에게 방수용 손목시계 사용법을 설명하고 있는 작은아들에게 ○중학교 ○○

○학생과의 일을 얘기했다. "그때 그냥 시계를 줬어야 하는데…."하며 아쉬운 마음도 함께 털어놓았다.

　얘기가 나온 김에 집에 있는 시계를 다 꺼내 놓았다. 남편이 살아생전에 차던 샛노란 시곗줄의 금시계(?)가 나왔다. 거실에서 TV를 보는 큰아들에게 남편의 시계를 보여줬다. "아빠가 이 시계를 찼던 모습이 생각나지?" 하고 물었다. 큰아들은 당연히 기억한다고 했다. 남편이 세상을 떠난 지 벌써 14년이 흘렀다. 정말 시간은 빠르게 지나간다. 14년이란 길다면 긴 시간에 비해 시곗줄은 변하지 않고 그대로였다. 남편도 예물시계는 어떻게 했는지 시계를 여러 번 바꾸었다. 금색 줄의 멋진 이 시계를 남편은 좋아했다. 병원에 입원했을 때도 왼쪽 손목에는 노란 금시계(?)가 반짝거렸다. 시계는 외형부터 모든 것을 품어줄 것 같은 부드러운 느낌을 주었다. 그동안 까마득하게 잊고 있던 남편의 손목시계다. 오랜만에 남편을 만난 것 같았다.

　두 아들에게 여러 개의 손목시계 중에서 갖고 싶은 것을 고르라고 했다. 아들은 시계 뒷면에 적힌 내용만 확인하고 제자리에 놓는다. 옆에 있는 큰며느리에게 귀엽고(?) 예쁜 손목시계를 보여주며 "이거 어떠니?" 하고 물었다. "어머님이 액세서리로 하셔요." 한다. 아들과 며느리는 손목시계에 관심이 없는 거다. 다른 사람들도 우리 아들과 며느리같이 손목시계에 무관심하려나….

손자와 손녀도 내가 사준 귀여운 캐릭터가 그려진 어린이용의 손목시계를 좋아한다. 여행을 다녀오면서 기내(機內)에서 구입했었다. 꺼내놓은 손목시계를 제자리에 넣으면서 생각했다. 손목에 팔찌같이 시계를 여러 개 찰 수는 없으니 분양을 해야 하나…. 그렇지만 딱히 원하는 사람이 있을 것 같지 않다.
 큰며느리의 말대로 액세서리로 곁에 두고, 추억을 더듬어 보는 것도 괜찮을 듯싶다.

검은색으로 바꿔요

낮잠을 자려고 누웠는데 '카톡' 소리가 난다. 누군가 궁금하여 폰을 열었더니 설날 아침에 세배 받는 사진이다. 설날 아침 나랑 두 아들내외는 고운 한복을 입었다. 난 두 아들네 식구들의 세배를 받았고, 큰아들 내외는 작은아들네 아기들의 세배를 받았다. 큰아들이 세배를 받는 내 모습을 카톡으로 보내준 거다.

흰머리가 그냥 보기에는 괜찮은 것(?) 같은데, 사진을 찍으면 매번 시원찮게 나온다. 방금 보내온 사진도 흰머리 때문에 내 마음에 들지 않는다. 큰아들 내외에게 문자를 보냈다. "너희들은 잘 나왔는데, 나는 머리가 하얘서 영~." 문자를 본 큰며느리는 "하윤이도 권하니 염색을 한번 생각해 보셔요." 하고 답을 보냈다. 이어서 큰아들도 "99세까지는 염색을 하시고, 100세부터 백발로 사시지요." 하고 문자를 보내왔다. 큰아들 내외는 전부터 내가 염색하기를 바랬다. 백발은 아무래도 나이가 들어 보이는데, 그게 싫었나 보다.

설 전날에 우리 식구는 모두 목욕을 갔었다. 탕 안에서 놀던 올해 다섯 살 된 손녀가 "할머니 머리는 왜 하얘요?" 하고 묻더니 "할머니, 검은 색으로 바꾸세요!" 하는 게 아닌가. 난 아무 말도 못하고 있었다. 귀여운 손녀가 엄마와 아빠의 말을 대신 전하는 것 같아서 속으로 놀랐었다. 큰며느리한테 손녀가 한말을 전했다. 큰며느리는 "염색하시면 더 젊어 보일 거예요, 염색하셔요." 한다. 그렇지만 난 그 말엔 전혀 신경을 안 썼다. 어차피 염색은 안 할 거니까…. 그랬는데 오늘은 심각하게(?) 고민을 하게 되었다. "하윤이 말 한마디에 내가 이렇게 고민을 하게 될 줄 몰랐어." 하고 다시 문자를 보냈나.

휴일에 내려온 작은아들 내외에게 카톡 사진을 보여주면서 "형과 형수는 나보고 염색하라고 한다." 했더니, 작은아들은 "염색하지 마세요, 엄마 흰머리가 멋있어요!" 한다. 작은며느리도 "어머님한테 흰머리가 잘 어울리세요!" 하고 거든다. 솔직히 5살 손녀의 말이 아니었으면 염색은 생각지 않았을 거다. 보는 사람마다 내 흰머리가 멋있다고, 잘 어울린다고 했기 때문이다.

학습관에 가끔 나오는 백발의 남자 회원이 있다. 난 그 사람이 70이 훨씬 넘은 할아버지인 줄 알았다. 물론 인사도 없었고,

말 한마디도 나누지를 않았다. 그런데 회식자리에서 그 사람이 자신의 나이를 공개했다. 그의 나이를 듣고 깜짝 놀랐다. 예상 외로 엄청 젊은 나이였기 때문이다. 그 회원은 나보다 10살 정도 적은 나이인데, 내 눈에는 70대 후반으로 보였었다. 옆에 있던 남자 회원과 동갑이라는 것이 믿기지 않았다. 동갑인 다른 회원은 검은색으로 염색을 했는데, 나이보다 훨씬 젊어보였다. 그날 난 머리카락 색깔의 위력(威力)을 보았다. 그렇다면 남들도 나를 나이 많은 할머니로 알고 있지 않을까. 물론 마음은 젊다고 우겨보지만 그걸 인정해 주는 사람이 과연 몇 명이나 될까.

목욕 갈 때마다 마사지해주는 아주머니가 들려주었던 말이 기억난다. 마사지 손님 중에 백발의 아주머니가 있었는데, 어느 날 검게 염색을 하고 왔단다. "어쩐 일로 염색을 하셨대요?" 하고 물었더니 며칠 전에 있었던 일을 얘기하면서 어이없어 하더란다. 나이가 한 살 차이인 두 분은 친구였는데, 친구는 검게 염색을 했단다. 어느 날 같이 시장엘 갔는데 가게 주인이 "모녀 사이인가 봐요, 정말 보기 좋아요." 하더란다. 백발의 아주머니는 그만 충격을 받아서 검게 염색을 했노라고 실토하더란다.

그 얘기 끝에 나보고 검게 염색하는 것도 괜찮을 것 같다고 했다. 지금 생각해 보니 흰머리 때문에 나이가 들어 보이는 내가 안쓰러웠나 보다. 다른 사람의 예(例)를 들어가면서까지 간접

적으로 염색하기를 바란 것은 아닐까? 내 흰머리를 사람들이 이구동성으로 멋있다고 하는 말에 현혹된 것은 아니다. 다만 백발만이 누릴(?) 수 있는 편안함을 즐기고 있었다.

그런데, 신경 쓰이는 것이 딱 한 가지가 있다. 사진을 찍으면 흰머리가 더 하얗게 되어 얼굴 윤곽이 나타나지를 않는다. 뒤에 선 사람의 옷이 검정 계통의 진한 색이면 그나마 다행이다. 그런데 그럴 확률이 높지 않은 것이 탈이다. 모자를 쓰면 사진은 조금 괜찮게 나온다. 모자도 많은데 나는 산행할 때를 제외하고는 모자를 거의 안 쓴다. 그러니 누구를 탓할 수도 없다. 오늘은 큰아들이 보내온, 흰머리 때문에 잘 나오지 않은 사진을 보고 고민에 빠졌다.

학습관에서 일본어를 가르치는 선생님이 한 말이 자꾸 머릿속에 감논다. 선생님은 '머리는 얼굴을 받쳐주는 액자'라고 했다. 그림이나 사진이 멋진 작품으로 탄생하기 위해서는 액자의 역할도 그만큼 중요한 것이다. 난 사진 찍는 걸 좋아하지 않는다. 지금 생각해 보니 흰머리일 때, 실물보다 사진이 시원찮게 (?) 나와서 그랬던 것 같다.

사진 몇 장에 낮잠이 확 달아나도록 고민할 줄은 정말 몰랐다. 손녀 말대로 마음 크게 먹고 검은색으로 바꾸어볼까? 검게 염색을 하면 당연히 젊어 보일 테고, 사진도 백발일 때보다 잘 나올지 모른다. 하지만 그보다는 검은머리가 되면, 그 검은머리만치 젊게 살아야겠다는 자신감이 생기지 않을까? 한편으론 나의 흰머리가 멋있다고 하던 지인들의 얼굴도 보이고, 목소리도 들리는 것 같다. 이러지도 저러지도 못하고 망설이고 있다.

"검은색으로 바꿔요!" 하는 귀여운 손녀 하윤이의 목소리가 귓가를 맴돈다.

레스토랑

　지인들과 ○호텔 레스토랑에 갔다. 넓은 홀에 손님은 우리뿐이다. 내가 좋아하는 분들과의 자리라서 이 시간이 더욱 소중하다. 오가는 대화 하나하나가 잔잔한 음악을 듣는 것 같았다. 그만큼 난 대화에 빠져 있었고, 시간이 흐르는 것이 아까웠다. 물론 내색은 안 했다.
　"음식을 왜 먹느냐?"는 질문을 받는다면, 사람들은 살기 위해서 먹는다고 말하는 경우가 많을 것 같다. 당연히 맞는 말이다. 그렇지만 이왕이면 다홍치마라고 좋아하는 사람과 분위기 있는 장소에서 세련된 예절을 갖추고, 감사하는 마음까지 곁들인다면 최고의 만찬일 것 같다. 아무리 소찬(素饌)이라도 감사하는 마음과 분위기 있는 곳에서 즐기면서 먹는다면 보약을 먹는 것과 다르지 않으리라.

벌써 42년 전의 일이다. 남편과 같이 근무했던 노총각 H선생님이 내가 근무하고 있는 ○여고로 전근을 오셨다. 매사에 성실할 뿐 아니라 남편과도 친했다. 난 전에 ○여중에서 같이 근무했던 A선생님과 H선생님을 중매하기로 했다. 둘 다 교사이며 결혼이 늦은 사람들끼리의 만남이라서 잘 어울릴 거라 생각했다. 그런데, 내 예상과는 다르게 한 번의 만남으로 끝나고 말았다. H선생님은 미안했는지 식사를 대접하겠다고 했다.

그날따라 남편은 일이 생겨서 나와 딸만 약속한 경양식 집으로 갔다. 딸이 네 살 때다. H선생님은 맞선 본 얘기는 안하고 다른 얘기만 한다. 궁금해진 내가 A선생님은 진실하고, 학생들에게도 인기가 있고 특히 검소하다고 강조를 했다. 내 말이 끝나자마자 "그래도 여자는 화장도 하고, 멋도 낼 줄 알아야 하잖아요." 했다. 내가 강조한 것과는 정반대로 말해서 놀랐던 기억이 난다.

어색한 분위기를 바꾸어야 하는데 마침 수프가 나왔다. H선생님이 딸에게 "아가야! 국 먹어라!" 했다. 그 말이 끝나기 무섭게 딸은 "아저씨! 이건 국이 아니라 숩이야 숩~" 해서 난 그만 웃고 말았다. H선생님도 어이없는 표정으로 "넌 이걸 많이 먹어봤니? 아니면 원래 영특한 거니?" 하고 물어서 난 또 한바탕 웃었다. 수프 하나에 '영특'까지 운운하는 건 조금…. 딸은 나를 닮았는지 채소류보다 육류를 더 좋아했다. 어릴 때부터 경양식 집에 데리고 다녀서 양식 종류와 먹는 법을 알고 있었다.

　재방송하는 인기드라마 '응답하라 1988'을 시청하다가 혼자 웃었다. 극중에 나오는 동네의 이웃 사람들은 웬만한 친척보다 가깝게 지내는 사이였다. 동네에서 가장 잘 사는 정봉·정환네 집에 이웃사촌(?)들이 모두 모였다. 오늘의 저녁메뉴는 햄버그스테이크다. 라여사는 대형접시에 스테이크(떡갈비에 가까운)와 밥, 총각김치, 깻잎장아찌를 담고 천연덕스럽게 퓨전으로 신경을 썼다고 했다. 수프는 큰 냉면대접에 가득 담았다. 이 장면을 본 시청자들은 모두 나와 같이 웃었을 것 같다. 극(劇) 중 주인공의 동생인 노을이가 햄버그스테이크를 사진으로만 보다가 오늘 처음 먹는다고 기대에 부풀어 있는 모습은 전혀 낯설지 않았다.
　그랬다. 그때만 해도 경양식 집에 가는 것은 특별한 행사가 있을 때였다. 그 후 몇 년 사이에 경양식 집이 우후죽순(雨後竹筍)처럼 곳곳에 생겼다. 너도나도 레스토랑을 찾았다. 그러자 가족단위의 손님을 겨냥한(?) 패밀리 레스토랑이 또 문전성시를 이뤘다.

　1968년 대학 4학년 가을에 있었던 일이 생각났다. 우리 과(科) 학생들 13명은 교수님을 따라 서울 C호텔에서 풀코스로 양식 먹는 법을 실습(實習)했었다. 포크와 나이프 쥐는 법, 식사 도중과 식사 완료의 사인(sign)도 배웠다. 풀코스 테이블 세팅에 진열된 나이프와 포크는 왜 그리도 많던지…. 양식 테이블의 에티켓을 이론으로 배웠지만 실제로 체험을 하는 자리였다. 특히 밥을 먹을 때, 우리들은 반드시 포크의 바깥쪽 등에 얹어서 먹어야 하는 걸로 알고 그렇게 했었다.

수프도 마찬가지다. 수프를 먹을 때의 기본예절은 왼손은 스프접시 가장자리를 잡고, 오른손으로 수프 스푼으로 앞쪽에서부터 떠서 먹는다. 나는 메인요리보다 수프를 더 좋아한다. 전에는 나도 품위(?)있게 앞쪽에서부터 떠서 먹었지만, 지금은 형식에 구애받지 않고 편하게 먹는다.

테이블 매너(manner)의 기본은 '즐거운 식사'라는 것을 그때는 미처 몰랐었다. 혹시나 실수할까 조심하며 나이프와 포크를 사용했었다. 비즈니스(bussiness)를 하는 분이라면 당연히 기본적인 식사예절을 지키는 것이 좋을 것이다. 하지만 가족끼리의 식사자리나 아니면 친구들과의 모임이라면, 편하고 화기애애한 분위기에서 맛을 보는 것이 가장 좋은 식사예절이라 생각된다.

그렇게 많던 레스토랑이 지금은 시내에서 떨어진 곳이나 연인들이 일부러 드라이브도 즐길 겸 찾아오도록 한적한 곳에 자리를 잡고 있다. 나는 한식보다 양식을 좋아해서 동료들과 S면에 있는 '언덕 위의 하얀 집'이란 레스토랑에 자주 갔었다. 말 그대로 언덕 위의 하얀 집이어서 2층에 올라가면 저수지가 보였다. 또 레스토랑 입구의 정원은 아름답게 꾸며져 있었고, 4계절 변하는 경치를 보기 위해서도 여러 번 그곳을 찾았다. 그게 벌써 15년이 지났다.

 세상이 변하면 사람들의 입맛도 변하나보다. 그 레스토랑이 오리고기 집으로 바뀌더니, 다시 한식집으로 바뀌었다. 난 지금도 양식을 좋아한다. 하지만 만나는 사람들의 취향이나 모임의 성격에 따라 한식도 중식도 마다하지 않는다. 단지 시끄럽고, 번잡한 곳은 좋아하지 않을 뿐이다. 대신 조용하면서도 분위기 있고 잔잔한 음악이 흘러나오고, 창문으로 호수나 강이 보인다면 금상첨화(錦上添花)다. 호수나 강이 아니더라도 울긋불긋 예쁜 꽃이 피었거나, 진초록의 나무들이 보이면 더 바랄 것이 없다.

 아니, 나에게는 또 하나의 바람이 있다. 분위기 있는 장소에서 마음이 맞는 사람과 식사예절을 지키며, 감사하는 마음까지 갖는 사위일체(四位一體)의 식사다.

 어찌 이것이 테이블 매너에만 해당되겠는가. 우리네 삶도 이와 다르지 않은 것을….

뭐 하셨어요

 뜻하지 않은 사고(?)로 스포츠 댄스를 두 달간 쉬어야 했다. 진도(進度)를 못 쫓아갈 텐데 걱정이다. 오늘은 내가 제일 먼저 도착했다. 뒤이어 회원들이 하나, 둘씩 강당에 모였고 그들은 모두 나를 반겨주었다. 오랜만에 만난 K가 나를 빤히 쳐다보며 "뭐 하셨어요?" 한다. 난 대답 대신 웃었다. 그녀는 바짝 다가서며 "진짜 뭐 하셨어요?" 한다. 내가 염색한 것을 전혀 모르는 것 같아서 "염색했잖아." 하고 알려줬다. "아니, 염색 말고 또 뭐 하셨잖아요." 하며 나를 살펴본다. 그러면서 내가 많이 예뻐졌단다. 세상에! 내가 얼굴을 고친 줄 안거다. 예뻐졌다고는 하지만 아무리 생각해도 그 정도는 아닌데….

 염색을 하고 나서 알게 된 것이 있다. 백발일 때의 모습만 본 사람들은 염색한 나를 보고 젊어졌다는 말보다는 예뻐졌다는 표현을 많이 한다. 그런가하면 흰머리는커녕 새치도 안 보이게 염색했을 때의 나를 기억하는 사람들은 백발이 검은 색으로 탈바꿈을 했어도 알아차리지를 못한다. 단지 "젊어지셨네요!" 한다. 난 머리를 가리키며 "염색했잖아." 해도 그냥 쳐다본다. 다시 "나 백발이었잖아." 하면 그제야 "아~ 흰머리였지요!" 한다. 동료 직원이나 지인들은 아무래도 염색했을 때의 젊었던 내 모습에 익숙하기 때문이다.

  다섯 살 된 손녀 하윤이의 말 때문에 내가 고민을 했고, 이렇게 변신까지 하게 될 줄은 나도 몰랐다. 큰아들 내외는 염색하기를 바랐고, 작은아들 내외는 백발이 훨씬 잘 어울린다고 했다. 작은아들 내외에게 "나, 염색할거야." 했더니 놀란다. "그러세요! 염색해 보시고 마음에 안 드시면 다시 흰머리 하세요." 하고 한 발짝 물러섰다.

  단골로 다니는 미용실 원장님도 놀란다. 그 원장님은 전에도 염색하지 말라고 했었다. 미용실에 올 때마다 내 머리 색이 그라디에이션(gradation)이라 멋있다고 했다. 아닌 게 아니라 내 머리카락은 완전히 백모(白毛)가 아니고 검고, 희고, 회색(grey) 빛깔이었다.

  염색을 안 했을 때는 지나가는 사람들이나, 전철 안에서 만난 사람들이 나를 두 번 이상을 쳐다봤다. 특히 전철 안에서 나를 쳐다봤던 아주머니들은 꼭 내 나이를 물었다. 내가 나이를 알려주면 "머리가 하얘도 나이가 들어보이진 않아요. 머리색이 정말 예뻐요!" 했다. 흰 머리일 때는 너무 튀어서(?) 솔직히 나 스스로 행동에 제약을 받았었다. 어디를 가든지 사람들의 시선을 느껴야 했다. 그런데 염색을 하고 나니 쳐다보는 사람이 하나도 없다. 정말 홀가분하다.

모처럼 워킹여행클럽에서 '거제 지심도' 트레킹을 가려고 신청했다. 버스 옆자리에 앉은 중년 여인은 처음 보는 사람이었다. 인사를 나누고 얘기를 하는데, 그녀는 나에게 자꾸 반말을 한다. 전부터 아는 사람이라면 친숙함을 표시하는 줄 알겠지만, 처음 만난 사람이라서 조금 의아했다. 본인의 나이를 말하는데 '내일 모레가 회갑'이란다. 그러면 올해에 59세이고, 나하고는 10살이나 차이가 나는데…. '내가 그렇게 젊어 보이나?' 나 스스로 위로하며 그녀의 스스럼없이 하는 반말을 경청하기로 했다.

오늘은 초등학교와 중학교 동창을 만나고 왔다. 나까지 여섯 명인데, 모두 예쁘고 나이에 비해 아주 젊은 모습이었다. 나이가 한 살씩 늘어가면서 생각나는 것은 어릴 때의 친구다. 친구들도 처음엔 나를 못 알아보았다. 백발로 나타날 줄 알았기 때문이다. 내가 먼저 친구들을 발견하고 활짝 웃어도 별 반응이 없었다. 바짝 다가가자 그제야 "너무 젊어져서 정희, 넌 줄 몰랐다." 한다. 나는 겸연쩍은 표정으로 "나, 염색했어." 했다. 친구들은 "백발도 멋있었는데, 염색을 잘했다."고 한다.

한 친구는 80세가 되면 백발로 지낼 거라고 했다. 길에 나서면 행인들 중 70%는 어르신들이다. 나이를 가늠할 수 없을 만큼 젊고 활기찬 모습이라 놀라기도 하지만 솔직히 한편으로는 많이 부럽다. 간혹 백발인 분들도 있지만, 대부분의 어르신들은 검게 염색을 하셨다. 그 친구도 나이에 비해 엄청 젊어 보이는 동안(童顔)이다. 내 생각으로는 그 친구도 염색을 계속 해야 할 것 같다. 80세가 되어도 친구는 60대로 보일 테니까.

염색하고 나타나자 L작가님은 "이 교장 몸집이 작아 보이네." 하셨다. 모임에서 만난 고등학교 친구들도 같이 걸으면서 "정희야! 너랑 같이 가면 꼭 동생을 데리고 가는 것 같다." 했다. 내가 젊어 보이는 만큼 친구들이 상대적으로 더 어른스러워지는 것은 아닐 텐데…. 단지 염색만 했을 뿐인데 젊어 보이고 또, 내 몸집까지 작아 보인다니 놀랍기도 했다. 아무튼 그날도 뭔지는 모르지만, 내가 젊어지고 있다는 사인(sign)을 받았다. 작은며느리의 친정어머니도 나를 보고 "예뻐지고 훨씬 어려 보인다."고 하셨다. 젊어 보이고, 예뻐지고 거기다 어려 보인다는 말까지 듣는다면 염색을 마다할 이유가 없지 않은가.

저 세상으로 먼저 간 딸도 내가 염색을 해서 좋아할 거라는 법사님의 말씀이 가슴에 와 닿았다. 그랬다. 딸은 살아생전에도 내가 젊게 하고 다니는 걸 좋아했다. 해외여행을 가면 일행들 모두 모녀 사이가 아닌 자매인 줄 알았다. 그런 얘기를 듣는 것을 딸은 무척이나 즐겼다. 그랬는데, 딸이 간 후에 젊어 보이는 염색도 마다하고 백발로 5년을 지냈으니….

하지만 나는 알고 있다. 머리 염색을 해서 젊어 보이는 것이 아니라, 마음이 편안해지고 밝아졌기 때문이라는 것을…. 내가 이렇게 변하기까지 딸은 얼마나 마음 졸이며 지켜보고 있었을까.
그런 줄 모르는 지인들은 "뭐 하셨어요?" 하고 또 묻겠지.

홍(紅)언니

학습관 중국어 반의 친구들은 나를 홍언니라 부른다. 처음 듣는 사람들은 내 성(姓)이 홍(洪)씨인 줄 착각하는데, '홍(紅)언니'는 '홍색(紅色:hong se)의 언니'를 줄인 말이다. 내가 워낙 빨간색을 좋아하는 걸 안 친구들이 붙여준 애칭(愛稱)이다. 사람들은 나이가 들면 취향(趣向)이 바뀐다고 한다. 어렸을 때 안 좋아하던 것을 나이가 들면서 좋아하게 되었다거나, 그 반대의 경우에 대한 얘기는 많이 들었다. 하지만 난 어렸을 때부터 좋아하는 색은 빨강이다. 그것만큼은 신기하게도 변하지 않는다. 초등학교 다닐 때는 빨강 책가방에, 빨강 책받침, 필통도 빨간색이었다.

그래서인지 물건을 고르는데 시간을 많이 소요하지 않는다. 무조건 빨간색이면 되니까…. 홈쇼핑에서 보내주는 책자에서도 빨간색의 옷이 눈에 뜨인다. 겨울 티셔츠를 꺼내 놓았는데, 모두 빨간색이어서 나도 깜짝 놀랐다. 진한 빨간색이 아니면 붉은 계통인 짙은 자주색의 옷이 드레스 룸을 장식하고 있다.

요즈음 거리에 나가보면 머리까지도 빨간색으로 염색한 젊은 이들을 만날 수 있다. 일본에서 만든 애니메이션(animation) 빨강머리 앤이 우리나라에서도 방영되어 큰 인기를 얻긴 했었다. 귀여운 주근깨 얼굴에 빨강머리의 앤은 만화 속의 주인공이다. 그때부터인지는 알 수가 없지만, 빨간색의 염색머리를 심심찮게 볼 수가 있다. 그만큼 빨간색은 사람의 시선을 붙잡는데 망설임이 없다.

우리 아파트 정원에 영산홍이 아주 예쁘게 피었다. 빨강, 핑크, 흰색이 어울려서 보는 이의 마음을 황홀하게 해준다. 나는 그중에서 단연 빨간색의 꽃이 제일 예쁘다. 백발인 지금도 빨간색 옷을 즐겨 입는다. 사람들은 그 빨간색이 나에게 잘 어울린다고 한다. 불교대학 도반인 H는 "정희언니는 빨간 마후라."라고 한다. 검정색의 옷을 입을 때는 빨간 스카프를 하기 때문이다. 내가 예뻐했던 반려견 코리의 밥그릇과 목줄도 빨간색이었다.

반면에 남편은 같이 외출하려면 나에게 검정색의 옷을 입으라고 했었다. 그때만 해도 난 남편이 검정색을 좋아하는 줄 알았다. 남편의 조언(助言)이 아니더라도 근무할 때는 검정색 정장을 즐겨 입었다. 내가 보기에도 검정 슈트는 나에게 잘 어울렸다. 열두 가지 기본색 중에서 빠질 수 없는 것이 바로 검정이다. 또 노랑, 빨강, 파랑을 섞으면 검은색이 된다. 검정 슈트는 튀지 않으면서 주변에 있는 모든 사람들과 융화하고 포용한다. 하지만 검정색하면 어둠, 죽음, 폐쇄된 느낌을 받기도 한다. 사랑하는 딸이 내 곁을 떠난 6년 전의 봄을 '검은 봄'이라 했던 것도 그런 이유다.

어떤 사람은 검정색이 가장 화려한 색이라고 한다. 나 역시 검정색의 화려함(?)을 인정하지만, 그래도 빨강이 가장 화려한 색이고, 예쁘고 멋진 색이라 생각한다. 나의 드레스 룸에는 검정색과 빨간색 옷이 반반이다. 지금 생각해 보니 남편은 검정색을 좋아한 게 아니라 검정색 정장을 한 나를 사랑한 것 같다. 난 옅은 색을 별로 좋아하지 않는다. 무조건 선명하고 짙은 색을 선호한다. 은은한 빛깔의 산수유 꽃보다는 샛노란 개나리꽃이 내 시선을 끈다.

지인을 따라 3월 22일(화)에 강원도 양양으로 사찰순례를 다녀왔다. 난 지인과 함께 버스 맨 뒷자리에 앉았다. 옆자리에 앉은 일행 한 분이 나의 빨간 머플러를 보고 깜짝 놀라는 표정이었다. 그날은 검정 반코트에 머플러만 빨간색이었을 뿐인데도 불구하고, 머플러의 강렬한 빨간색 때문에 내 모습이 너무 튀어 보였나보다. 그녀는 지금까지 빨간색 옷을 입어보지 못했다고 했다. 빨간색 옷은 아예 입으려는 생각조차 해본 적이 없었고, 입을 엄두를 못 냈다고 했다.

만약 그녀가 내 집을 방문한다면 깜짝 놀랄 것 같다. 코트도, 등산복도, 슈트도 그리고 여러 개의 티셔츠뿐 아니라 주말농장을 신청하면서 준비한 장화도, 집에서 신는 슬리퍼도 빨간색이다.

빨간색은 시각적으로 강렬하여 정열, 흥분, 적극성, 광기(狂氣)를 표현하는데 쓰이며, 태양, 불, 피, 혁명을 상징한다. 심리적으로는 부정적인 사고를 극복할 수 있도록 하며, 활기와 야망을 갖게 한다. 활활 불타오르는 사랑, 건강을 지켜주는 장수, 혹은 오감을 자극하는 열정을 나타내기도 한다.

일반적으로 빨간색을 좋아하는 사람들은 활력이 넘치고, 행동력이 있으며, 외향적이고, 용감하며 자립적인 삶을 영위한다고 했다. 또 빨간색이 들어간 옷을 선호하는 사람들은 대부분 자기 개성이 뚜렷하거나 모험심이 가득하단다. 열정과 권력의 색이 빨강이란다. 내 자신도 모르는 정열이 내 안에 숨어 있는지도 모를 일이다. 세계적인 문학가이며 자연연구가인 괴테는 빨간색을 '색의 왕'이라고 했다.

또 중국인들은 빨간색을 행운의 색이라 하여 선호한다. 특히

'홍(紅)'자는 '인기 있다, 순조롭다, 성공적이다, 운이 좋다'라는 뜻으로도 쓰인다. 그래서인지 유명하거나 인기 있는 사람을 대홍인(大紅人)이라 한단다.

 아이러니컬하게도 빨간색을 유난히 좋아하는 나는 대홍인도 아니고, 이렇다 할 큰 야망도 없다. 그저 튀지 않게 조용히 살아갈 뿐이다. 아니, 친구들이 붙여준 애칭에 맞게 빨간색을 사랑할 뿐이다.

 오늘도 홍(紅)언니는 빨간색의 지갑을 챙기고, 빨강 머플러를 두르고 혹시 남아있을지 모르는 열정은 내 마음 깊은 곳에 담아둔 채 집을 나선다.

그리움만 쌓이네

아~ 이별이 그리 쉬운가.
세월 가버렸다고
이젠 나를 잊고서
멀리 멀리 떠나가는가.

노래를 들으면서 울컥해지는 이 마음은 아직도 먼저 떠난 남편을 그리워하고 있는가 보다. 아니! 지금까지 한 번도 내 마음에서 남편을 떠나보낸 적이 없었다. 항상 같이하고 있었다.

두 아들은 엄마가 아빠를 오매불망(寤寐不忘) 그리워하는 줄 모르고 있다. 아들이 아빠는 엄마를 힘들게 했고, 휴일에는 늦잠을 자느라 가족끼리 유원지나 공원에 간 기억이 없는 재미없는 아빠라고 할까봐 조금 걱정이 된다.

하지만 남편은 나에게는 둘도 없는 배우자였고, 아들들에게는 가장 훌륭한 아빠였다. 남편은 부(富)와 명예(名譽)는 물려주지 않았지만, 올곧게 살아가는 법을 몸소 실천으로 보여주었다. 어찌 보면 어린 아들들에게도 아빠의 모습이 답답해 보였을지 모른다. 융통성도 없고, 고지식한 아빠를 닮지 않겠다고 스스로에게 다짐을 했는지도 모를 일이다.

하지만 아들들이 장성해서 가정을 이루고, 직장에서는 중견(?) 사원이니 생각하는 것도 예전과 다를 거다. 아마 아빠의 모습이 크게 다가오지 않을까. 난 솔직히 남편에게 상냥한 아내는 아니었다. 천성으로 애교가 없이 뻣뻣한 성격이니 어쩔 수 없었다고 변명을 해본다. 남편을 탓하기보다 내가 먼저 변했어야 했다.

24년 전, 작은아들이 공주시에 있는 H고등학교로 진학을 했다. H고등학교는 전교생이 기숙사 생활을 하는 학교다. 딸과 큰아들은 대학을 다니느라 하숙을 했고, 작은아들과 셋이 살았다. 작은아들이 기숙학교로 가면서 내 고생(?)이 시작되었다. 남편과 둘이 있으니 도우미 아주머니가 필요 없다 생각했다. 그 생각 하나가 얼마나 나를 힘들게 했는지 모른다. 퇴근하면 소파에 누워서 TV리모컨으로 채널 돌리는 것이 남편이 하는 일이었다. 나는 그런 남편이 많이 미웠다. 그런데 지금 생각해 보니 그 미움도 정(情)이었고, 그때가 행복했었다.

신혼 시절 시댁에서 따로 살림을 나온 후, 작은아들이 기숙학교로 갈 때까지 살림을 도와주는 사람이 있었다. 도우미 아주머니는 우리 집에서 같이 기거하면서 한 식구처럼 지냈었다. 집안 살림을 안 하다가 갑자기 식사준비부터 모든 것을 나 혼자 해야 했으니 그 고충은 이루 말할 수가 없었다. 이제껏 살면서 그때가 가장 힘들었었다.

남편한테 "옆집에 사는 ○○아빠는 집안 청소는 물론 빨래도 하고, 시장에서 식재료도 사온다."고 내가 본 대로 얘기했다. 남편은 "거짓말을 퍽도 하네, 그런 사람이 세상에 어디 있어?" 했다. 나도 솔직히 그렇게 자상하고 가정적인 사람은 처음 봤다. 그때만 해도 ○○아빠만 집안 살림을 도와주는 줄 알았었다. 그런데 그게 아니었다. 세상이 변하고 있음을 Y여중으로 전근을 가서야 뒤늦게 알았다.

Y여중엔 젊은 여교사들이 많았다. 점심시간에 같이 도시락을 먹으면서 하는 말을 듣고 난 기절할 만큼 놀랐었다. O선생님은 일요일이면 남편이 아이들을 데리고 마실을 다녀오라고 한단다. 난 무슨 말인지 몰라서 O선생님을 쳐다보았다. 이어서 하는 말은 나를 충격(?)에 빠뜨리고 말았다. O선생님의 부군도 교사였는데, 일요일이면 냉장고 청소를 도맡아 한단다. 세상에! 남편이 냉장고 청소를 한다니….

옆에 있던 J선생님은 한술 더 떴다. 어제 식구들과 나들이를 다녀왔는데 김밥을 남편이 손수 말았다고 했다. J선생님의 부군은 아내가 김밥을 싸지 못하게, 아예 주방에도 못 들어오게 한다고 자랑(?)하는 것이 아닌가. 난 도대체 여기가 어느 세상 인가 싶었다. 지금 내가 들은 이 얘기들은 뭐지? Y여중에 와서 J선생님의 시아버지가 나하고 C여고에서 4년간 근무하신 L선생님인 것을 알았다. L선생님은 사모님을 위해서 집안 살림을 도와주신다는 얘기는 사석(私席)에서 하셨다. 그때는 그냥 우스갯소리로 하시는 줄 알았다. 부전자전(父傳子傳)이라고는 하지만, 그래도 이 정도인 줄은 몰랐었다.

나와 남편만 아직도 옛날 남존여비(男尊女卑) 사상에 젖어 있는 것 같았다. 늦게나마 세상의 변화에 맞춰 남편에게 가사(家事)를 나누자고 기회를 봐서 얘기하려고 생각하고 있었다. 그런데, 이게 웬 날벼락인가! 남편은 대장염 수술을 했고, 다시 대장암 수술을 했다. 수술하고 5년이 지나면 안심해도 된다는데, 3년 반 만에 재발되어 입원과 퇴원을 반복했다. 남편은 대장염 수술부터 8년을 투병생활을 했다. 꿈속에서조차 생각지 않은 일이 나에게 닥친 거다. 삼남매는 한창 공부해야하는 시기였다.

병석에 누운 남편을 보며 잠시나마 남편을 미워했던 나를 용서할 수 없었다. 뒤늦은 후회였다. 가사는 도와주지 않아도 괜찮으니 그저 완쾌되기만을 기원했건만…. 퇴직하고 같이 여행도 다니고, 젊은 시절을 추억하며 지낼 수 있으리라 믿었다.

삼남매가 예쁘게 사는 모습을 보며 흐뭇한 미소를 짓고, 귀여운 손자와 손녀를 무릎에 앉히고 재롱을 볼 줄 알았다.

그 작은 소망은 나의 꿈으로 끝나고 말았다. 지금은 나 혼자서 손자와 손녀의 재롱을 보며, 혼자 여행 다니고, 젊은 시절의 추억도 혼자 새기고 있다. 남편에 대한 그리움으로 밤을 꼬박 새우기도 한다. 두 아들도 아빠에 대한 그리움으로 아빠의 모습을 머릿속으로 그리고 있을지 모를 일이다. 겉으로는 두 아들과 나는 아빠를, 남편을 보고 싶다는 말을 안 한다. 말은 없지만, 두 아들은 속으로 아빠가 든든하게 버티어 주기를 바라고 있다는 것을 나는 안다.

  네가 보고파서 나는 어쩌나
  오~ 나 너 하나만을 믿고 살았네
  그대만을 그대만을 그대만을 믿었네
  오 그리움만 쌓이네.

큰며느리

 큰며느리가 입원한다고 했다. 병원에서 이것저것 검사를 한 결과 병명은 항생제에 의한 장염이란다. 감기에 걸려 항생제를 너무 오래 복용해서 장이 완전 고장이 났고, 특히 면역력이 바닥이란다. 흔히 '감기가 만병의 근원이다'라고 하는데, 이 정도 일지는 정말 몰랐다. "피로가 누적되어 기침이 심하고 잘 안 낫는다."고 큰며느리가 문자를 보냈을 때도 입원까지 할 줄은 정말 몰랐다.
 5월부터 5살 된 손녀가 감기로 고생했다. 어린이집에도 못가고 병원을 여러 군데 다니느라 아마 큰며느리도 지쳤으리라. 큰아들네 세 식구는 모처럼 3박 4일 제주도 여행을 가서도 손녀 때문에 병원 투어(Tour)를 했단다. 개인 병원을 다니다가 결국은 J대학 병원까지 다녀왔다고 하니, 그 마음고생을 누가 알겠는가. 육신(肉身)까지 지쳤던 거다. 손녀가 병원에 입원을 해서 간병하느라 제대로 잠도 못 자고, 먹는 것도 시원찮았을 터.

우리 아이들이 어렸을 때 '개구쟁이라도 좋다, 튼튼하게만 자라다오.'라는 텔레비전 광고가 인기가 있었다. 나 역시 삼남매가 건강하게 자라주기를 빌고 또 빌었다. 어쩌다가 딸이나 아들이 아프면 맘속으로 "우리 아이 대신 차라리 내가 아프게 해주세요!" 하고 빌었다. 모든 부모의 마음이다. "공부는 못해도 좋으니 그저 건강하게 해주세요!"라고도 했다.

그때나 지금이나 부모들은 아이들의 공부에 신경을 쓴다. 건강을 잃으면 모든 것을 잃는다는 것을 알면서도 '공부, 공부' 한다. 나 역시 아픈 손녀가 안쓰러우면서도 솔직히 어린이집에 못 갔다고 하면 한편으로는 신경이 쓰였다. 그런데 생각지 않게 큰며느리가 병원에 입원했고, 또 그 기간이 길어졌다. 손녀를 생각해서라도 며느리가 빨리 완쾌되기를 나는 빌었다. 손녀는 엄마가 곁에 없으면 아무것도 못할 줄 알았다. 그만큼 큰며느리는 손녀를 챙겼기 때문이다. 그런데 생각 외로 외할머니와 외할아버지의 보살핌으로 잘 지낸다니 한시름 놓았다. 얼마나 다행인가.

며느리가 병원에 입원했을 때, 큰아들과 손녀, 둘만 우리 집에 왔다. 옷차림이나 모습이 예전과 별다르지 않은데도, 어쩐지 아들이나 손녀의 옷차림이 후줄근하고, 뭔가가 빠진 것 같고 부녀(父女)가 초췌하고 기운도 없어보였다. 그 이유는 큰며느리의 부재(不在) 때문이었고, 그만큼 큰며느리의 빈자리가 크게 다가왔다. 큰아들은 "하윤 어미가 집에 없으니 집안이 돌아가지를 않아요." 한다. 왜 아니겠는가.

큰며느리는 제 몸은 돌보지 않고, 오로지 어린 딸의 건강을 걱정하며 몇 달을 노심초사했을 거다. 손녀 하윤이는 한 달 이상 어린이집에 못 갈 정도로 감기증세에 중이염, 거기다 바이러스에 의한 폐렴까지 겹쳐서 엄마와 아빠를 놀라게 했다. 큰아들 내외는 어린 손녀를 감기로부터 보호하기 위해서 유리 다루듯 조심스럽게 보살폈다고 한다. 큰아들 내외가 지극정성을 들여서인지 손녀는 많이 좋아졌는데, 큰며느리가 지독한 장염에 걸린 거다. 빈혈이 심해서 수혈까지 해야 된단다. 몇 날을 먹지 못했으니 기운도 없을 테고, 기력 회복을 하려면 아마 여러 날이 소요될 것 같다.

나라도 미리 조심시켰어야 했다. 손녀에게 온갖 정성을 쏟는 며느리가 대견하고 고맙기만 했었다. 며느리의 건강이 점점 쇠약해지는 줄은 나도 아들도 모르고 있었다. 큰며느리한테 미안하고, 미처 돌보지 못했다는 죄책감까지 들었다. 어서 낫기를 바랄 뿐이다.

며칠이 지나 며느리가 퇴원했다는 소식에 한시름을 놓았다.

그런데, 다시 입원을 했다고 아들이 문자를 보냈다. CT를 찍었더니 장염이 심해서 자궁까지 염증이 생겼단다. 너무 놀라운 소식에 정신까지 없었다. 수술을 해야 한단다. 일단 퇴원했다가 다시 S대학병원으로 옮겼다고 했다. 항생제에 의한 장염이 이토록 무서운지 몰랐다. 우리가 흔히 먹는 약이 항생제 아닌가. 감기에 걸린 큰며느리는 항생제 과용으로 장에 염증이 생겼고, 다시 그 염증을 치료하기 위해 항생제를 투여해야 한단다. 의학상식이 없는 나는 정말 이해가 안 되었다.

그러고 보니 작년에는 작은며느리가 처음 들어보는 병명으로 입원을 했었다. 그때도 얼마나 놀랐던지…. 평소에 허리가 약해서 항상 조심하라고 주의를 줬지만, 비교적 건강했던 작은며느리였기에 놀라움은 더 컸었다. 이제 우리 며느리들도 건강에 신경을 써야 할 나이인가 보다. 마냥 풋풋한 젊은 모습으로 남아 있을 줄 알았는데…. 우리 며느리들을 위해서 내가 할 수 있는 것들을 찾아봐야겠다. 집안에 여자의 역할이 얼마나 큰지를 우리 두 아들이 알게 된 것이 수확이라면 아주 큰 수확이라 할 수 있다. 큰아들은 이번에 아내의 소중함도 알게 되었다고 했다.

오늘 새벽엔 오랜만에 남편 꿈을 꾸었다. 남편은 생시의 모습대로 건장하고 멋있었다. 나는 깔끔하게 차려입은 남편과 어떤 모임에 참석하였다. 큰 행사를 하는 단체였는데, 주최 측에서 나에게 청문회에 나와 달라고 했다. 난 꿈속에서 "웬 청문회?"하며 의아해했다. 내 차례가 되어 청중들에게 인사를 하면서 "남편은 대장암이고, 나는 위암."이라고 크게 말했다. 꿈에서 깨고도 이게 무슨 상황인지 어리둥절했다. 꿈속에서 남편은 대장암인데도 건재했기에 안심이 되었지만, 내가 위암이라고 했던 말이 마음에 걸렸다. 잠자리에서 일어나 속으로 "난 위암이 아니야!" 하며 여러 번 부정했다. 올해가 건강 검진하는 해인데, 남편이 꿈에 나와서 빨리 건강 검진 예약하라고 알려주는 것 같았다.

큰며느리 덕분에 건강의 중요성을 다시 깨닫게 되어 그나마 다행이다. 가족이 모두 건강하기를 또 빌어본다.
건강을 잃으면 모든 것을 잃게 되는 것을….

비겁한 변명

 연일 36℃를 오르내리는 날씨다. 8월 11일 목요일, TV에선 기상 관측 이래 가장 더운 날씨라고 했다. 신촌 문학교실에 가려고 집을 나섰다. 몇 발짝 걸었을 뿐인데, 벌써 등에선 땀이 흐른다. 부채를 꺼내어 힘껏 부쳐보지만 흐르는 땀까지 식히지는 못했다.
 2호선 신촌역에서 강의실까지 몇 분 걸리지 않는 거리인데, 아스팔트는 한마디로 용광로같이 달아올라서 발걸음을 떼는 것조차 힘들게 했다. '오늘도 휴강이었다면 좋았을 텐데….' 하고 혼잣말로 중얼거리다가 너무 놀라운 광경에 가슴까지 두근거렸다. 내 앞에 어느 아주머니가 아주 작고 예쁜 강아지(시추)와 같이 걷고 있었다. 이미 강아지의 혀는 나와 있고, 더위를 이기지 못해 헉헉거린다. 폭염에 지쳐 가쁜 숨만 내쉬는 그 모습이 너무 안타까워서 그 아주머니한테 "강아지를 안고 가세요!" 말을 하고 싶었다.

하지만 난 못 본 체 그 자리를 지나쳐버렸다. 강의 시간 내내 그 강아지가 맘에 걸렸다. 얼마나 발바닥이 뜨거웠을까. 말 못하는 동물이라고 사람들이 맘대로 학대(?)해도 되는가? 잠깐이지만 내 반려견인 타니가 생각났고, 보고 싶어졌다. 타니는 다리가 짧고 허리가 긴 독일 사냥개인 닥스훈트다. 그래서 한여름 오후엔 산책할 생각을 안 한다. 달궈진 지열 때문에 발바닥뿐 아니라, 늘어진 배까지 데일 수 있기 때문이다. 작년까지만 해도 시원한 새벽에 산책을 했었다. 하지만 올여름은 새벽에도 27℃를 웃돌기 때문에 산책을 할 수가 없다. 조금만 걸어노 타니는 더위에 지쳐 힘들어해서다.

수업이 끝나고 다시 그 길을 걸어오는데, 아까 본 시추의 힘들어하는 모습이 어른거린다. 마음이라도 편하려고, 그 아주머니가 번쩍 안고 갔을 거라 믿어보기로 했다. 집에 오는 길에 혈압약을 처방받기 위해서 내가 사는 아파트 단지 내 병원에 들렀다. 진료를 끝내고 간호사와 연일 이어지는 폭염에 대해서 대화를 나누다가 아까 보았던 강아지 얘기를 했다. 시추의 더위에 지친 모습이 안쓰럽고 속상하다고 했더니, 간호사는 "아주머니한테 안고 가시라고 얘기하지 그랬어요." 한다. 난 "말했다가 뺨 맞을까봐…" 하고 꿈에도 생각지 않았던 말이 튀어나와서 나 자신도 놀랐다. 아주 비겁한(?) 변명이 아닌가. TV에서 본 그 사건이 은연(隱然)중에 나의 마음속에 각인되어 있었나 보다.

며칠 전에 생후 7개월 된 아기를 태운 유모차를 끌고 가던 아기엄마는 길에서 50대(代)의 아저씨에게 폭행을 당했다. 아기엄마가 길거리에서 흡연하는 그 아저씨에게 담뱃불을 꺼 달라고 했다는 것이 폭행의 이유다. 종편(종합편성채널)에선 이 사건을 크게 다루었다. 뉴스를 보면서 옳은 말도 마음대로 못하고, 당연히 누릴 수 있는 권리를 빼앗긴 것 같아서 씁쓸했다. 그 사건을 들추며 내가 말 못한 이유를 변명하고 말았다. 비겁하게도….

우리 아파트에선 매주 수요일에 '수요 장터'가 열린다. 잡화부터 의류, 먹을거리 등, 그 종류도 많고 장터의 규모도 시골장 못지않다. 어제는 수박을 사기 위해 모처럼 장터에 나갔다. 그런데 우리 타니와 동종(同種)인 닥스훈트 두 마리가 사람들 틈에서 재롱을 부리고 있었다. 아주 어린 강아지다. 나의 반려견 타니(15세)와 코리(13세인 2015년 1월 하늘나라로 감)의 어릴 때

모습 그대로다. 얼마나 귀엽고 예쁜지….

 그 강아지의 주인은 수원에 사신다고 했다. 알고 보니 수요장터에서 수제(手製)만두를 파시는 분들이었다. 장터를 옮겨 다닐 때마다 두 마리의 강아지도 데리고 다니신단다. 두 아가의 이름을 물었다. 한 녀석(생후 6개월)의 이름은 '만두'고 다른 녀석(생후 2개월)의 이름은 '간장'이란다. 만두를 좋아해서 다섯 개에 3,000원하는 만두를 포장해달라고 했다. 집에 와서 봉지를 펴보니 예상대로 1회용 도시락에 만두와 간장이 들어있다. 아가들의 이름이라 웃음이 절로 나온다.

 혼자 있어서 쓸쓸해 하는 타니에게 귀여운 두 아가들을 보여주고 싶었다. 아니! 그 아가들에게 왕 할아버지(?)인 타니를 소개하고 싶었다. 목줄을 채워서 데리고 나오니까 타니는 항상 그렇듯이 산책을 가는 줄 알고 무척 좋아한다. 두 아가들은 타니가 동종(同種)임을 알아보고 꼬리를 치며 엄청 반가워했다. 타니도 오랜만의 외출이라 신이 났고, 모처럼 닥스훈트 아가들을 봐서 기분이 좋다고 꼬리를 흔들어댄다.

 해는 떨어졌지만, 아직 열기는 남았고 또한 후덥지근하다. 그래도 이왕 나왔으니 산책이라도 시키고 싶어서 큰길로 나섰다. 하지만 몇 발짝 걷더니 이내 타니의 혀가 나온다. 원래 개들은 사람처럼 전신에 땀구멍이 없어서 땀을 배출하지 못한다.

더우면 입을 벌리고 침을 증발시키면서 체온을 유지한다. 더 이상의 산책은 타니에게 무리일 것 같아서 아쉽지만 되돌아서 집으로 왔었다.

폭염경보까지 내린 오늘, 작고 예쁜 시추가 더위에 지쳐 힘들어하는 모습을 본 것이다. 아마 그 아주머니도 분명 강아지를 가족처럼 예뻐하시는 분일 거라 믿는다. 강아지가 아주머니의 품에 안겨 의기양양한 모습으로 지나가는 사람들을 쳐다보는 상상을 해본다. 용기가 없는 나의 행동을 이렇게라도 변명함으로써 그 강아지에게 미안함을 전하고 싶다.

뜨거운 여름 날씨만큼 추운 겨울에도 나는 타니에게 신경이 쓰인다. 사람들은 흰 눈이 내리면 강아지들은 좋아한다고 한다. 하지만 강아지들은 녹색과 검은 회색의 일부만 알아 볼 수 있는 완전 색맹이라, 흑백으로만 구분할 수 있다. 가까운 움직임에 민감한 강아지에게 하늘에서 내리는 새하얀 눈송이가 대단히 자극적인 풍경이 되어 어쩔 줄 몰라 날뛰며 사방을 헤집고 다니는 거라고 한다.

이렇듯 민감하게 날뛰는 모습이 강아지가 눈을 좋아하는 것이라 믿는 이유다. 그러나 내 생각엔 이것도 사람들의 변명(?)으로 들린다. 내 눈(眼)에는 강아지들이 눈(雪)을 좋아하는 것이 아니라, 차가운 눈(雪)을 밟으면 발이 시려서 펄쩍펄쩍 뛰는 것 같아 보여서 안쓰럽다. 그래서 흰 눈이 쌓이면 폭염일 때와 마찬가지로 타니와의 외출은 금하고 있다.

  오늘 낮에 본 시추와 생각지 않게 튀어나온 나의 '비겁한 변명' 때문인지 저녁의 더운 열기가 한결 더 덥게 느껴졌다.

딸아, 고맙다

　7박 8일 동유럽여행은 나에게 꿈같은 시간이었다. 문인들과 여행을 할 줄은 꿈엔들 생각을 못했으니까…. 소설가, 수필가, 시인, 아동문학가, 문학평론가와의 여행이라 나는 들떠 있었다. 아니, 신기했다는 표현이 더 어울릴 것 같다.

　나는 딸과 함께 여행하는 것을 좋아했다. 방학만 되면 딸과 나는 외국여행을 다녀왔다. 가이드의 설명을 들을 때도, 쇼핑을 할 때도, 나와 딸은 팔짱을 끼거나 손을 꼭 잡고 다녔다. 같이 여행하는 회원들이 우리 모녀를 부러워했다. 딸과의 여행은 내가 퇴임 후에도 계속되리라 믿고 있었다. 사랑하는 가족을 남겨놓고 먼저 저세상으로 떠난 아빠의 빈자리를 채우려는 듯 딸은 엄마와 동생들을 사랑했었다.

꿈이었기를 빌고 또 빌었다. 하지만 현실은 정말 냉혹했다. 졸지에 딸을 잃은 아픔은 하늘이 무너지고 땅이 꺼지는 것과는 비교할 수가 없을 만큼 크게 다가왔다. 이게 현실이었다. 동유럽 여행도 딸과 함께 다녀왔다. 언제였던가…. 손가락으로 헤어보지만 정확한 연도를 알 수가 없다. 옆에 딸이 있다면 금방 알려줄 텐데.

음악교사였던 딸은 오스트리아 짤즈부르크를 좋아했다. 딸은 어릴 때에도 엄마를 끔찍이 여겼다. 가만히 생각해 보니 딸은 나에게 이런 행운(?)을 주려고 나의 딸로 태어나 이 세상에 잠깐 머문 것 같다. 딸은 엄마의 불투명한 미래가 답답했는지도 모른다. 이렇다 할 재주도 없고, 취미도 없는 나는 정년 후의 계획 같은 건 아예 생각조차 안했다. 막연하게 그동안 일을 했으니 이제부터 쉬리라 마음먹었다. 다른 분들도 모두 나와 같은 생각을 갖고 있는 줄 알았는데, 퇴임 후에 연세가 지긋하신 분들이 젊은이 못지않게 일하는 모습을 보고 크게 놀랐다.

딸의 입장에서 볼 때 매사에 소극적이고 야망도, 열정도 없는 엄마가 걱정되었으리라. 그래서 딸은 엄마에게 문인들과 해외문학심포지엄 및 해외문학기행에 참여할 기회를 주지 않았을까?

글을 쓴다는 것은 나에게는 먼 나라의 일이었다. 2010년 2월, 딸을 잃고 1년간을 칩거했었다. 나는 숨만 쉬고 있을 뿐 죽은 사람이었다. 평소에 나를 아껴주던 분들의 관심과 사랑으로 다시 바깥세상에 서게 되었다. 딱히 할 일이 없는 나는 평생학습관에 발을 디뎠는데, 그것이 계기가 되어 나의 운명이 180도 바뀌었다. 중국어 초급반에 작가님이 계셨다. 그분을 따라 1주일에 한 번 신촌에 다니면서 등단도 하고, 수필집도 출간했다. 나는 딸 덕분에 수필가가 되었다. 딸이 이 세상을 떠나면서 엄마에게 준 마지막 선물이다.

체코 프라하의 밤은 내 가슴을 뛰게 했다. 딸과 왔던 장소였기에 딸이 보고 싶어 온몸이 오그라들려고 했다. 전에 왔을 때, 딸과 나는 손을 잡고 프라하의 카를교를 걸었었다. 야경에 취해서 우린 둘 다 말을 못했다. 그저 걷기만 했었다. 어느 연인(戀人)이 나와 딸만큼 애틋할까? 나와 딸은 그랬다.

독일명칭으로 몰다우강이라 부르는 블타바강은 체코에서 가장 긴 강이다. 프라하의 카를교는 프라하성과 세계문화유산으로 등재된 구(舊) 시가지를 연결하는 가장 오래된 다리다. 이 다리는 600년 동안 보헤미안의 애환을 함께했단다. 삶과 세월을 잇는 소통로(疏通路)라고도 한다. 이 순간만은 나도 보헤미안이 되고 싶다. 아니, 딸은 이미 엄마가 보헤미안이 되기를 바라고 있었나 보다.

어떤 이는 카를교가 여행자들에게는 성(城)으로 향하는 관문이고, 실존주의 문학의 선구자인 프란츠카프카를 되새기는 사색의 연결로라 했다. 나는 다리를 건너면서 알게 되었다. 카를교는 딸과 나를 이어주는 '모녀의 다리'라는 것을….

이번 여행에서 또 얻은 것이 있다. 이젠 울지 않고도 딸과의 추억을 되새길 수 있을 것 같다. 애통해하는 대신에 딸에게 '고맙다'는 말을 전하고 싶다. 아마 딸은 엄마의 마음을 알고 미소로 대답하지 않을까.
"사랑하는 딸아, 고맙다."